suhrkamp taschenbuch 3305

Erica Pedretti ist Schriftstellerin und bildende Künstlerin. Mit *Heute* legt sie eine Arbeit vor, die direkt auf den Kern ihres Œuvre weist und verschiedene Möglichkeiten, sich als künstlerisches Ich zur Welt zu verhalten bzw. eine – »seine« – eigene Welt zu kreieren, vorführt. In den ersten Monaten des neuen Jahrtausends hat Erica Pedretti Zeitungsseiten leicht übertüncht und das Weltgeschehen, aber auch Ereignisse im kleinen, mit eigenen – kalligraphisch anmutenden – Tagebuchnotizen kommentiert. Entstanden ist dabei »ein Palimpsest der Sonderklasse« (Neue Zürcher Zeitung), eine Wort- und Bildkomposition von eindrücklicher Schönheit.

Erica Pedretti, geboren in Sternberg, lebt heute in La Neuveville in der Schweiz. Zuletzt erschienen im Suhrkamp Verlag *Engste Heimat* und *Kuckuckskind oder Was ich ihr unbedingt noch sagen wollte*. Die Autorin hat viele bedeutende Kunst- und Literaturpreise erhalten, u.a. den Ingeborg-Bachmann-Preis sowie den Marie-Luise-Kaschnitz-Preis.

Erica Pedretti

Heute

Ein Tagebuch

Suhrkamp

suhrkamp taschenbuch 3305
Erste Auflage 2001

Druck: Konkordia Bühl
Printed in Germany
Umschlag nach Entwürfen
von Willy Fleckhaus und Rolf Staudt

1 2 3 4 5 6 – 06 05 04 03 02 01

Heute

Heute.

Der Jura sieht hier, zwischen Moutier und Délémont ganz chinesisch aus. Wenn ich nicht wüsste, dass die Bahn, in der ich sitze die Strecke Biel–Basel fährt, und dass diese Felsen hier, diese direkt neben der Bahnlinie aufragenden senkrechten bizarren Felswände, jede Falte die rundgeschliffenen Überhänge, die einzelnen Föhren bis hinauf zu Grat alles frisch dünn verschneit, der Jura sind – ich könnte meinen, in China zu sein. Die im rechten Winkel mit der Schmalseite auf die Schlucht stossenden Wände sind unglaublich dünn, so als wären sie aufgemauert, von einem der von Statik keine Ahnung hat. Über allem die Sonne. Endlich ein nebelfreier, aber sehr kalter Tag.

In Basel treffe ich um zwei Uhr Margrit Manz im neuen Literaturhaus. Sie zeigt mir das ganze fast fertige Unternehmen. Zur Eröffnung plant sie eine Ausstellung im Foyer. Mit mir. Ich skizziere ihr, wie ich mir die vorstelle. Die täglichen Zeitungsnachrichten, überschrieben mit meinen privaten Notizen und Skizzen.

Wann fängst du damit an?

Heute.

Tageskommentar

Parteikrise und Staatskrise

Asiatische Holzkonzerne plündern Amazonas

Kritik an der Swisscom

Heute

[1]

Donnerstag, 27. Januar 2000
Teil I
Nr. 22
zeine Nebelfelder, die sich aber auflö-
en. Tagsüber ist es sonnig bei Tempe-
raturen zwischen -4 und -2 Grad. Auf
den Bergen weht der Wind schwach aus
Südwest. In den höheren Lagen ist es
deutlich wärmer als in den vergangenen
Tagen.
3.95

Basler Zeitung

Donnerstag, 27. Januar 2000

Nr. 22

Teil I

Expo-Gebäude in Biel gemäss der Vorstellung des Architekturbüros «Coop Himmelblau». Foto Expo

Grosse Lust Bomben zu legen, wenn ich an diese Expo denke, die hier (statt in Spreitenbach oder sonst einem wüst verbauten Ort) stattfinden und unsere noch einigermassen ruhige Gegend „entwickeln" soll. Als gäbe es nicht genügend Themen oder Vorhaben, die man entwickeln könnte, entwickeln müsste, neue Arbeitsmodelle zum Beispiel, ganz neue Lebensmodelle, für die aber das nötige Geld nicht aufzubringen ist.

Die Strafe für mein Attentat (bei dem es selbstverständlich nur um Sachschaden geht, bzw. um die Verhinderung von Ruhe- und Umweltschäden in der Region) wäre annehmbar, meint Silvio Baviera, dem ich davon erzähle, denn in meinem Alter bedeutet selbst „lebenslänglich" eine absehbare Zeit. Eine Zeitspanne, mit der man sich mehr oder weniger gut abfinden könnte. Als Altersversorgung, statt Altersheim, die letzten paar Jahre Knast: neue Eindrücke (sehr viel schlimmer als die im Altersheim können die kaum sein), ein Thema. Erfahrungen sammle man mit gezwungenermassen, hat einer vor langem einmal gesagt.

... ich mit Überzeugung vorwärts

«Ich bin überzeugt, dass es jetzt gut kommt», sagt der einstige Expo-Skeptiker Bundesrat Pascal Couchepin heute.

Der Bundesrat hat entschieden, dass er die Expo will, dass er daran glaubt und dass er die ... dafür geben will.

[2]

Muss das sein?
Nein, es muss nicht unbedingt sein.
Warum tust du es dann?
Ja, warum will ich es eigentlich tun? Ich könnte es auch sein lassen. Man kann alles sein lassen. Man kann fast alles sein lassen.

Muss das sein? Was habe ich mir da eingebrockt.
Keine Kunst [illegible] setzt dich oder stellst dich täglich hin und schreibst auf, was du dir denkst oder
auch was du nicht denkst, gedankenlos notierst du wie gedankenlos die Zeit vergeht während
um dich [illegible] Schreckliches und Schönes geschieht, für so manchen die Welt untergeht.
Muss das wirklich sein? Du könntest es auch sein lassen. Man kann alles sein lassen. Fast alles
kann man sein lassen

Dass man den Funken in der Asche suchen müsse, das habe Fritz Stern gesagt, gestern in einer Radio- oder Fernsehsendung, erzählt mir Anne.

Ein heftiger Schneesturm an der Ostküste der USA hat das Land mit einer 60 cm dicken Schneeschicht überzogen. Flughäfen und Schulen wurden geschlossen. Das öffentliche Leben Washingtons lahmgelegt, 25 000 Menschen ohne Elektrizität, Notstand in North Carolina und Maryland. Und der Wintersturm zieht Richtung Neuengland weiter. Ich muss meine Schwester anrufen.

Lothar, der weihnachtliche Sturm hat das Vorzelt meiner Roulotte zerrissen. Er hat den Torbogen meines Ateliers mit einem Stück der Mauer ausgerissen. Kein sehr grosser Schaden verglichen mit den verschiedenen Waldstücken ob der Stadt, wo die Bäume wie Zündhölzer kreuz und quer übereinander liegen, wie ein riesiges hingeworfenes Mikadospiel.

Den ganzen Nachmittag mit Verena den Mäusemist in der Roulotte ausgemistet, geputzt, etc.

Grösseres Entsetzen als über Haider packt mich über den Schüssel. Der steht, ein normaler, tüchtiger, ja vielleicht sogar [illegible] recht [illegible] Bürger. Christ, für die normalen, sehr tüchtigen, netten Männer, die um zu herrschen mit jedem Teufel einen Pakt schliessen würden. Wer immer mir zum Ziel verhilft, der ist mir recht. Hitler hat solchen Leuten seine Macht zu verdanken. Ein Kanzleramt oder ein sehr gutes Geschäft – wie mit dem Haider. Und ich fürchte so wie es im Vorfeld nicht gelungen ist, die Gefahr abzuwenden, so wenig wird man jetzt imstande sein, Haider und seine Leute loszuwerden. Erfreulich allerdings, dass so viele Österreicher jetzt protestieren. Und schade dass Schüssels Parteileute nicht protestiert haben, sie hätten den Schaden verhindern können – die guten konservativen Christen, denen, wie ihrer Kirche, die Macht über alles geht.

Basler Zeitung — Mittwoch, 2. Februar 2000 — Nr. 27 — Computer

Die Grippewelle dauert weiter an und hat zu einem starken Rückgang der Blutspenden geführt. Die Rebellen, die die Russen die Rebellen nennen, ziehen sich offenbar aus Grosny zurück. Um in den E-Commerce boomt. Die Schweizer Wirtschaft läuft auf Volllast. Was heisst Volllast? Sie wächst kräftiger als bisher angenommen. Und 88 Tote nach Absturz ins Meer. Und 31 Tote bei Busunglück. Und 439 Strahlenopfer. Und keine Rettung mehr nach dem Airbus-Absturz vor der Elfenbeinküste. Alles Nachrichten von heute. Im Sternbild Orion leuchtet jetzt der grosse Orionnebel. Eltern sind und bleiben Eltern: Grundsätze zur Erziehung. Grosseltern sind und bleiben Grosseltern. Wie weit wurde ich von meinen Grosseltern erzogen, wie weit von den Eltern? Mehr beiden. Den Grosseltern gegenüber, trotz der strengen Grossmutter, so als hätte ich erkannt, was sie mir beibrachten, eine Wahl. Und wählte den Grossvater als Vorbild, obwohl er von Verwandten wie dem Vater belächelt wurde. Doch was er bei vielen der Weisse – auch ohne pragmatische Vernunft war er von erstaunlich pragmatischen Fähigkeiten. Also eher Vorbild als Erzieher. Was bedeute ich wohl meinen Enkeln, und was werde ich ihnen später einmal bedeuten? Wahrscheinlich jedem und jeder was anderes, so wie mir jede und jeder etwas anderes bedeutet. Nur die Liebe scheint wichtig. Liebe ohne Plan.

[4]

Die Chinesen sagen eins, wer hätte [illegible]
gegen die neuen Arzttarife, und
im Café Philo hat Iso Einstand. Der Schöne [illegible]
widerstehlich. Ich würde ihm ganz [illegible]
unseren lieben Iso-Star, schön und [illegible]
So glaub ich es zumindest, der Vehemenz [illegible]
widersprechen.
(Woher, die wohl kommt, meine Last zu [illegible]
längst nicht immer.)
Und Österreichs Regierung regiert [illegible]
Und was werde ich heute kochen?
„Ein Hauch von Vorfrühling": romantischer [illegible]
„Der dramatische Kampf der Piloten": der [illegible]
Airliner ist aus dem Stimmenrekorder.
Und die 19jährige Crystal Cornick bekommt [illegible]
Drillinge. Wer wird ihr beistehen?
Was werde ich heute abend, wenn Besuch kommt, kochen.

Basler Zeitung
Montag, 7. Februar 2000
So leben wir
So leben wir
So leben wir
So leben wir

So leben wir
So leben wir
So leben wir alle Tage
alle Tage
alle Tage
alle Tage
alle Tage
alle Tage
alle Tage

So leben wir alle Tage und dann leben wir nicht
mehr. Telefon von Wilfried: vor einer Stunde ist Werner gestorben.
Und er steht da vor uns, 18jährig, auf Besuch im Kinderheim Schleusingen.
Was für einen grossen, was für einen schönen Onkel du hast! Beneiden mich
die anderen Kinder. Nein, das ist mein Cousin, berichtige ich sehr stolz und
wachse gleichzeitig vor allen Augen. Und ich sehe ihn immer noch sehr jung
und in Uniform, an der Ecke Kronprinzenallee steigt er in die Tram ein und Abschied
winkend halte ich seinen Militärmantel im Arm. Ob und wie er gestraft wurde
das weiss ich nicht. Das ist auch zu anekdotisch. Es ist seine sehr grosse, früher schwere
(stabile) Figur, sein Gesicht
(Fetter Vetter! Fetter Vetter!), später dann ein wenig [illegible], was mir (fast buchstäblich)
das ganz eigene Lächeln, seine Art (recht laut) zu reden, eine ungewöhnliche Nähe beim Spielbe[illegible]
~~einfällt,~~ vorschwebt. Das ruhige Gespräch, [illegible] und die Reise mit ihm
selbst (nach seiner Herzoperation?) Das ist bereits 11 Jahre her, [illegible] seit der Kindheit
in der Ambulanz von Heidelberg nach Karlsruhe. Alles, was uns seit der Kindheit
(nicht nur familiär) verbindet war damals und ist heute wieder präsent.

So leben wir alle Tage und dann leben wir nicht mehr

Religiöse und philosophische Fragen zum Bergier-Bericht

Im internationalen Vergleich schneidet die Schweizer Forschung in den Bereichen Biologie (Bild oben) oder Teilchenphysik hervorragend ab. Doch die Mittel werden knapper.

Wie soll man Forschung beurteilen?

Von den Schwierigkeiten der Basler Biologen

[7]

Vormittags Sitzung im Pasquart Biel mit Carmen Perrin, Ueli Berger und Jürg Altherr. Wir besprechen unsere [illegible] stellung [illegible] und schauen uns die diversen [illegible] untereinander aufteilen sollen, an. Entwickeln der [illegible] zeigen ein paar wenige Fotos und Kataloge. Wer [illegible] wie. Im Verlauf wird etwas deutlich, was ich und [illegible] nicht realisiert hatten: Die Ausstellung [illegible] Marianne Grunder, oben im grossen Saal [illegible] zur Plastikausstellung. Schade. Mir wäre lieber [illegible] ganz unabhängig zu den andern Ereignissen statt [illegible] Positionen daneben Malerei, etc. Nun kann das [illegible] Position (die ältere) zur davon völlig verschiedenen [illegible] Plastikausstellung aufgefasst werden, umsomehr, [illegible] seits in Interview ihre Teilnahme an dieser angekün[digt] [illegible] mich Schang Hutter, womöglich im Garten „Sicher“ wie [illegible] steht. Aber von uns heute Anwesenden möchte niemand [illegible] ätiges demonstrieren, nur eine möglichst dichte [illegible] Ausstellung zustandebringen möchten wir.

Ob Politik oder Kunstpolitik, die Dinge scheinen den Akteuren immer wieder zu entgleiten. Und es ist schwierig, [illegible] die Dinge so im Griff zu behalten, dass man am Ende dazu stehen kann und sich [illegible] an etwas beteiligt, das man so gar nicht wollte. Da sind die Missverständnisse, warum hat ich nicht [illegible] verstanden, wie das alles zusammenläuft, um beizeiten zu sagen: bitte so nicht, und jetzt ist es offensichtlich zu spät noch etwas am Konzept zu ändern. Der Veranstalter oder Organisator [illegible] nicht [illegible] genügend Zeit, das Ganze auf einen besseren Zeitpunkt [illegible] zu verschieben und fürs den Juni Maler statt Bildhauer eingeladen!

Debakel für Fast-Bundesrätin Rita Roos

Vor einem Jahr stand Rita Roos mit einem Bein im Bundesrat, jetzt [illegible] St. Galler Wahlvolk als Regierungsrätin klar abgewählt. Die FDP gewann auf Kosten der SP einen dritten Sitz, während die SVP [illegible] ihre zwei Kandidaten nicht durchbrachte.

Der Versuch, das elegante Image in der Öffentlichkeit zu korrigieren, scheiterte. Gestern belegte Rita Roos den [illegible] Platz. *[illegible]*

[illegible] Politik [illegible] war sie in der CVP [illegible] Favoritin für die Nachfolge von Bundesrat Arnold Koller und verpasste die Wahl in [illegible] Ein Jahr später wird die [illegible] Rita Roos [illegible] in ihrem Heimatkanton vom Wahlvolk [illegible] im Stich gelassen.

Von Markus Rohner

Unter den zehn Kandidatinnen und Kandidaten, die [illegible] sieben Sitze in der Regierung [illegible], landet die 49-Jährige auf dem letzten Platz. Sie erhielt [illegible] Stimmen und liegt damit deutlich unter dem absoluten Mehr von [illegible]. Die politische Karriere [illegible] zu Ende [illegible]

Regierungsrätin [illegible] viele [illegible] Spesen [illegible] Bundesratswahl [illegible] weitere Minuspunkte [illegible]

Vor allem die SVP [illegible] Widerstand erwa[illegible] vier Jahren [illegible]

Sutter (64797 Stimmen) und [illegible] (57 832 Stimmen) [illegible] die Wahl in die Regierung.

In ihrem Amt bestätigt wurde SP-Regierungsrätin Kathrin Hilber. Sie erzielte 72 638 Stimmen und liegt damit auf Platz [illegible] aller Kandidaten. Weit schwerer hatten es [illegible] die beiden Kandidaten der SVP. Vor fünf Wochen [illegible] den Kantonsratswahlen zur [illegible] St. Galler Partei aufgestiegen, lagen die Hürden für die beiden SVP-Kandidaten Heinrich [illegible] und Manfred [illegible] das absolute Mehr [illegible]

Spannender zweiter Wahlgang

Der [illegible] Wahlgang [illegible] ten freien [illegible] wird gleich [illegible] Parteien [illegible] Zünglein [illegible] FDP als Schiedsrichterin [illegible] CVP [illegible] St. Galler Regierung [illegible] SVP [illegible] Toni [illegible] Kandidat würde [illegible] helfen und die Wahl der CVP-Kandidaten endgültig verunmöglichen.

Kommentar

Grausame Politik

Rita Roos, die St. Galler Regierungsrätin, die vor einem Jahr noch als Vorzeigefrau der CVP Schweiz in den Bundesrat gewählt werden sollte, ist [illegible] St. Galler Wahlvolk politisch [illegible] worden. [illegible] gestern ist es geschehen [illegible]

[illegible] Roos [illegible] bei der Nomination [illegible] Bundesratskandidaten [illegible] notwendiger [illegible]

Monaten vorgeworfen worden ist, war überrascht und wurde von ihren Gegnern [illegible] korrigieren [illegible] Medien [illegible]

Vieles war der St. Galler [illegible]

Thurgau: Koch und Graf neue Regierungsräte

[illegible] Ohne Spannung verliefen die Regierungsratswahlen im Kanton Thurgau. Für die beiden [illegible] Regierungsräte [illegible] und Vreni Schawalder (SP) wurden der Bischofszeller Stadtammann [illegible] (CVP) und der [illegible] Gerichtspräsident Claudius Graf-Schelling (SP) neu in die fünfköpfige Thurgauer Regierung gewählt. [illegible] liegt deutlich über dem absoluten Mehr, während [illegible] enttäuschend ausfiel [illegible] Kandidat der Schweizer [illegible] Partei [illegible] chancenlos.

[illegible] bestätigt wurden [illegible] Roland Eberle (SVP), [illegible] Peter Ruprecht (SVP) [illegible] Volkswirtschaftsdirektor Hermann Lei (FDP). Die Thurgauer Regierung ist mit dieser neuen Zusammensetzung nach vier Jahren wieder [illegible] reines Männergremium geworden.

Einbürgerungen in Emmen – wie gehabt

Emmen. [illegible] in Emmen, [illegible] Parlament, [illegible] Urne vorn[illegible] Umgang [illegible] fürchtet ihr [illegible] Gesuchstellende [illegible] schafft. [illegible] nur die über 50 [illegible] Jugoslawien [illegible]

Damit [illegible] ersten [illegible] gutgeheissen [illegible] Jugoslawen [illegible] te. Die [illegible] zifisch, [illegible] Emmen [illegible] jeder vierte stimmt [illegible] – dagegen [illegible] Tony [illegible] als Gemeinderäsident [illegible] Schnellmann Worte [illegible] Schnellmann verwies [illegible] demokratischen Entscheid, der [illegible] respektieren sei. Der Gemeinderat [illegible] mit der Einbürgerungskommission [illegible] weitere Vorgehen besprechen [illegible] allfällige Änderungen zur Präsentation (Fotos, Lebenslauf, Steuerausweis) vornehmen. Es sind noch gegen 260 Gesuche hängig. Im September soll der dritte Durchgang stattfinden.

Schwyz: Die Zauberformel wankt

[illegible] Regierungsratswahlen in Schwyz übertrafen einzig die Bisherigen Franz Marty und Kurt Zibung [illegible] Mehr. Die SVP wahrt die Chancen für den erstmaligen Einzug in die Regierung.

[illegible] Schwyz [illegible] Kantonsrat [illegible] Sitze [illegible] Mandate im Kantonsrat. CVP [illegible] Liberale Volkspartei (FDP) verliert [illegible] Mandate, die Linke verliert die [illegible] Mandate der Grünen, die sich aufgelöst haben. Der Kantonsrat setzt sich neu zusammen aus 45 CVP (–3), 26 FDP (–3), 20 SVP (+8), 11 SP (–).

SP-Sitz gefährdet

Auch bei den Regierungsratswahlen wahrte sich die SVP die Chancen, die 56-jährige Zauberformel 4 CVP, 2 FDP, 1 SP zu knacken und erstmals in die Regierung einzuziehen. Ihre beiden Kandidaten verfehlten zwar das absolute Mehr, belegten jedoch die Plätze 6 und 7. Im zweiten Wahlgang droht der Rauswurf der SP, deren Kandidat nur auf den neunten Platz kam. Die CVP brachte ihre vier Kandidaten auf die ersten vier Plätze. Gewählt wurden Finanzdirektor Franz Marty, sowie Erziehungsdirektor Kurt Zibung.

Volkswirtschaftsdirektor Werner Inderbitzin (CVP) verpasste das absolute Mehr um 700, Georg Hess (CVP, neu) um 2500 und Friedrich Huwyler (FDP, bisher) um 4000 Stimmen. SVP-Nationalrat Peter Föhn kam von den zehn Kandidierenden [illegible] chenden [illegible] SVP-Parteien [illegible]

SP-Kandidat Armin Hüppin [illegible] die schwierige Aufgabe hat, als Nachfolger den Sitz des zurückgetretenen Richard Wyrsch zu halten, blieb mit [illegible] Stimmen hinter [illegible] und nur [illegible] seiner [illegible] Wort von der [illegible] te ein Achtungserfolg [illegible] zweiten Durchgang [illegible]

Uri: SP-Regierungssitz gefährdet

Luzern. [illegible] Wie in Schwyz wankt auch in Uri die Regierungsrats-Zauberformel (4 CVP, 3 FDP, 1 SP). Allerdings ist der Sitz der SP und nicht etwa jener der CVP gefährdet. Die Mehrheitspartei sah sich durch die FDP herausgefordert, die neben den beiden bisherigen einen dritten Kandidaten nominierte. Die Christdemokraten konterten mit fünf Nominierten, ein taktisches Vorgehen, das Erfolg zeigte: Die CVP hat bereits drei ihrer vier Sitze auf sicher und zwei ihrer Kandidaten belegen die besten Plätze der Nicht-Gewählten.

Der FDP-Herausforderer Walter Steiner kam überraschend nicht über den letzten Platz der zehn Kandidierenden hinaus. Gewählt sind der bisherige Martin Furrer (CVP) mit der höchsten Stimmenzahl vor Gabi Huber (FDP, bisher), Josef Arnold (CVP, neu), Peter Mattli (FDP, bisher) und Oskar Epp (CVP, neu). Die Wahlhürde noch nicht geschafft haben Isidor Baumann (CVP) und Leo Brücker (CVP) [illegible] wartungen [illegible] SP-Kandidat [illegible] Gamma (neu) [illegible] ist er noch hinter [illegible] kus Stadler. [illegible] zweiten Wahlgang [illegible] noch Hoffnung [illegible] wird kaum [illegible] wollen. [illegible] doch [illegible] Koalitionen, die [illegible] bleib [illegible] Regierung [illegible]

Bei den Wahlen in den Landrat gewannen [illegible] der CVP. Nach Auszählung [illegible] Gemeinden verliert sie [illegible] Sitze mindestens 7 Sitze, womit sie das absolute Mehr im Landrat einbüsst. Die SP und FDP gewinnen je zwei Sitze, die SVP kommt bei ihrer erstmaligen Teilnahme an Wahlen auf mindestens drei Sitze. Ausstehend sind die Resultate von Altdorf, zwei Sitze werden in einem zweiten Wahlgang ermittelt.

Aus den Kantonen

Genf lehnt Friedensinitiative ab

Genf. SDA [illegible]

Schaffhausen: Regierung [illegible]

Schaffhausen. SDA. Die Schaffhauser Regierung [illegible] Neuwahl im August [illegible] Die Stimmberechtigten haben mit 15 752 zu 9984 Ja-Stimmen das Abberufungsbegehren abgelehnt. Auslöser des [illegible] Regierungsrat Gerold Meier [illegible] gegen die Kantonsregierung [illegible] Liegenschaftensanierung [illegible] Schaffhauser [illegible] der kantonalen Gebäudeversicherung gewesen.

JU: Keine Neuordnung der Kinderzulagen

[illegible] Die Stimmberechtigten im Kanton Jura haben eine Volksinitiative zur Neuordnung der Kinderzulagen klar abgelehnt. Sie sah vor, die Kinderzulagen künftig nicht mehr einheitlich, sondern umgekehrt proportional zum Einkommen der Bezüger festzulegen.

ZG: Volk wählt weiterhin die Richter

Zug. SDA. Im Kanton Zug werden die Richter weiter vom Volk gewählt. Eine entsprechende Verfassungsänderung wurde deutlich abgelehnt. Unbestritten waren die [illegible] der Strafgerichte und die Verlängerung der Amtsdauer für Richter von vier auf sechs Jahre.

GR: Kreisgerichte werden abgeschafft

Chur. SDA. Die 150 Jahre alte Bündner Gerichtsorganisation wird entrümpelt. Mit der vom Stimmvolk klar [illegible] Justizreform werden die [illegible] Kreisgerichte abgeschafft und die Zahl der Richterstellen von 700 auf 200 reduziert. Die Pflichten der Kreisgerichte werden auf die Bezirksgerichte übertragen. Im Amt bleiben können die Kreispräsidenten, die zusätzlich als Friedensrichter walten.

ZH: Ja zu Pädagogischer Hochschule

Zürich. SDA. [illegible] Lehrerausbildung [illegible] Pädagogischen Hochschule [illegible] Die Stimmberechtigten haben gestern dem [illegible] Gesetz [illegible] zugestimmt. [illegible] deutlich [illegible] für die Einführung einer Ausgabenbremse im Kantonsrat [illegible] für [illegible] im Kantonsrat [illegible] Stimmen nötig.

BE: Grüner Kandidat [illegible]

Bern. [illegible] Überraschender Ausgang der Wahl für zwei neue Regierungsstatthalter im [illegible] Der grüne Kandidat [illegible] bei der Wahl von Regula Mader von der SP gewonnen. Das bürgerliche Duo unterlag.

LU: Steuern im Dezember

Luzern. SDA. Die Stimmberechtigten im Kanton Luzern haben eine Initiative [illegible] nach der die ihre Steuern [illegible] im Dezember anstatt wie [illegible] September bezahlen müssen.

Ein erfolgreiches Grosswildjagen im St. Galler Kantonalen Halali-Schiessen. Viele haben geholfen.
Das aktuelle politische Klima ist Frauen offensichtlich nicht sehr förderlich. Keine Frauenquote als
Umstand. Nein zum Umverkehr – keine Gnade für eine Volksvertreterin [illegible] wird kälter,
Keine Gnade für eine Utopie, im Gegenteil: „Frank" avanti, machen wir unsere Welt kaputt!
[illegible] schlechtesten

Wie uns die Nachrichten erreichen. Und was machen wir selber damit? Mit den fatalen Nachbarschaften? Auf der selben Seite das Blumenbouquet für den Valentinstag: Denk dran, der 14. Feber ist der Tag der Verliebten! Streng reserviert, oder Strikt (s. nebenan) für Verliebte reserviert. Und direkt unter der Frage, welche Blumen für wen die richtigen seien, rote Rosen für die brennende Liebe
direkt darunter gesteht ein junger Mann den Missbrauch an der kleinen Sophie.

Den Schrecken, dass im Nachbarort eine 9-jährige von einem 24-jährigen in ein Auto gezerrt wird, mitten im Ort am hellen Tag, dann stundenlang vergewaltigt und fast zu Tode gewürgt wird. Ein Schreck von vielen, die täglich via Fernsehen und Radio und Zeitung mir ins Haus und ins Bewusstsein gebracht wird. Diesmal trifft es direkt, denn der Greuel geschah nebenan und das Gleiche ist bereits einmal im gleichen Ort geschehen, mit tödlichem Ausgang. Es sei dem jungen Mann ein plötzliches Bedürfnis gewesen, ein unwiderstehliches Bedürfnis. Tröstlicherweise haben andere das Bedürfnis, den Objekten ihres Verlangens Blumen zu schenken. So trösten uns die Medien meist, auf der gleichen Seite, oder in der nächsten Sendeminute mit Tulpensträussen: Nach der Reihe verstümmelte Leichen: ein Fussballsieg.

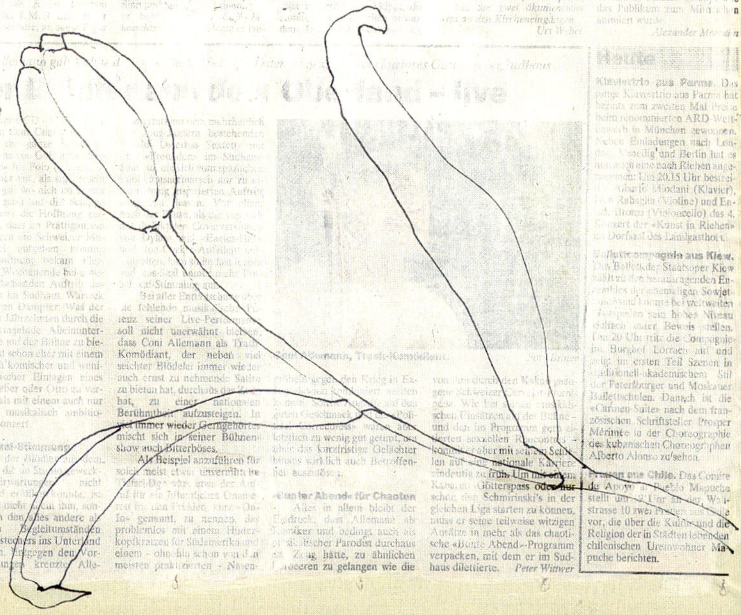

Der Valentinstag ist strikte für Verliebte reserviert.

Foto Pino Covino

Junger Mann gesteht Missbrauch an der kleinen Sophie

[illegible]

[illegible]

... Eine Heilungschance sei bei guter Motivation des Triebtäters gegeben, eher gering ... allerdings ...

Der Leiter der Kinder- und Jugendpsychologischen Universitäts- und Poliklinik Basel, Dieter Bürgin, ...

... von Eltern und Kind. ... Angst, die Gefühle der Hilflosigkeit, der Lebens... und der Autonomie-Verlustes müssten innerhalb einer therapeutischen Beziehung in kleinen Dosen angeschaut werden.

Das kindliche Trauma auffangen

Damit bestehe eine grosse Wahrscheinlichkeit, die Schäden zu reduzieren und auf kleinem Niveau zu halten. Wenn ein Kind, wie das bei der kleinen Sophie offensichtlich der Fall sei, normal entwickelt und aus intakter Familie stamme, seien die Chancen nicht schlecht, dass es keine Folgeschäden davontrage. ... sei eine intensive Gesprächstherapie auch für die Eltern zu empfehlen. Einerseits müssten sie ihren eigenen Schock abbauen, und anderseits könnten sie so dem Kind besser zur Verfügung stehen.

Franziska Laur

[9]

Am Fernsehen die Bilder von der Theiss, ein toter Fluss. Bei Kanjica an der ungarisch-jugoslawischen Grenze werden mehr als
eine Tonne toter Fische an Land gezogen. Es könnte Jahre dauern, bis sich das Ökosystem des Gewässers erholt. Die Folgen sind verheerend.
Nur wenige der heutigen Nachrichten, und in seinem Kopf hat es kaum mehr für etwas anderes Platz. Trotzdem wird
ihr etwas einfallen müssen, und wenn es nur für das Abendessen wäre.

Fluss, der Atna spuckt, im südlichen Afrika die schwersten Unwetter seit 40 Jahren.
Charles M. Schulz ist gestorben, aber Fürst Rainier von Monaco (76) ist zum zweiten Mal an
operiert worden. Liz Taylor wird für ihren Kampf gegen Aids geehrt und stirbt Glenn Miller
War der Lokführer nicht informiert? Beim Unglück waren acht Menschen getötet worden
[illegible] entgleist, weil er mit [illegible] überhöhter Geschwindigkeit gefahren war.
[illegible] im Feuilleton. Demonstranten vor dem Wiener Parlamentsgebäude.

Unctad-Konferenz. In Bangkok hat am
Demonstrant dem scheidenden Chef
Währungsfonds IWF eine Sahnetorte
[illegible]. Nicht der ungerecht verteilte Kuchen
gewinne sondern diese Torte traf den
Chef des IWF einen Tag vor seiner Pen-
sionierung. Während der Eröffnung
von Unctad X am Samstag blockierten
ca. tausend Demonstranten eine
der Hauptstrassen Bangkoks. Dass
Unctad X in einer südostasiatischen Me-
tropole stattfindet, trifft sich gut, denn
gerade in dieser Weltgegend haben
spekulative Investitionen die schwer-
sten Schäden hinterlassen.

Kindesentführer ist verschaffen und hat gestanden. Nicht be-
ruhigend genug, nachdem alle in der Umgebung von Le Lanceron
in unserer Umgebung, um ihre Kinder und Enkel gezittert haben.
Und noch immer ist nicht klar, wer hinter den Hacker-Angriff
steckte, der letzte Woche grosse Online-Anbieter lahmlegte.
Ganz neue Möglichkeiten, sich gegen unerwünschte Entwick-
lungen zu wehren.
Schau dir den frommen Mann einmal gut an.
Clintons Ökonomen stecken voll Optimismus

Was macht ein Modell Haider so attraktiv?
Wir haben unsere eigenen Probleme mit rechtsextremen [illegible]
haben auch ihre eigenen Probleme mit Neonazis
Pat Buchanan, die strengere Gesetze gegen Einwanderer
Amerika hat dunkle Flecken in seiner Geschichte.
dunklen Flecken in seiner Geschichte. 1994
es eine neofaschistische Parteiangehörige
empört. Fundamentale Unterschiede zwischen

Schau dir diesen frommen Mann an

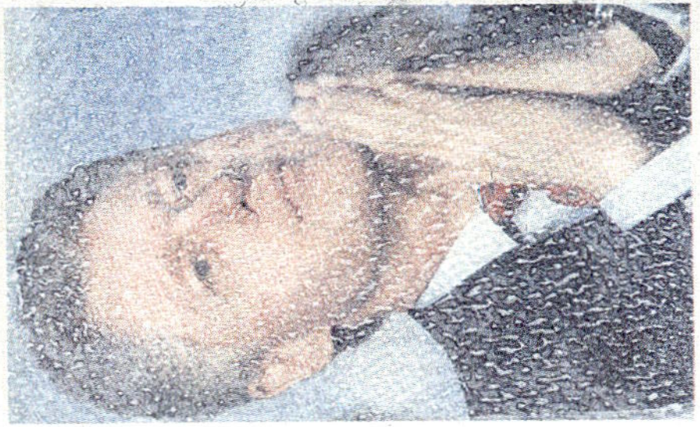

Annetta kommt am Mittag, ich habe gerade mein Pensum für heute beendet, Post [illegible] wieder zu viel um alles zu erledigen, zu [illegible] danken, etc. Keine Seite zustande gebracht. [illegible] Wetter, wir tragen die Gartenbank in die [illegible] Ecke vor dem Glashaus und können an der [illegible] draussen sitzen. Später der Zwetschgenkuchen [illegible] („… schneiden [illegible], wenn sie Zwetschgen schneiden können“) [illegible] danken und Annetta nach Biel auf den Zug gebracht.

Abends, sehr müde von den [illegible] Tagen, die ORF-Nachrichten abgewartet: [illegible] dass der Haider zurücktritt, aber grosse Geheimnisse [illegible] obwohl alle bereits Bescheid wissen, machen sie es [illegible] spannend. Wieviel kostet ein Fernsehauftritt [illegible] dieser Mann immer wieder grosses. Und ob er vom [illegible] der Partei zurücktritt oder nicht – es ist [illegible] weiterer Schachzug. Der bleibt in der Politik.

Die Überraschungen der letzten Tage [illegible] vielen Glückwünsche, die schönen Geschenke, so viel Liebe [illegible] ich mir gar nicht hätte vorstellen können. Im [illegible] am [illegible] zu viele bekannte Gesichter und all die Freundinnen und [illegible] und zugleich der Schreck: ich werde nicht durchkommen, um [illegible] alle Lieben und Bekannten begrüssen zu können, [illegible] werde ich mit ihnen reden können, was ich sehr gerne [illegible] nichts von ihnen und über sie erfahren als ihre Sympathie [illegible] dann die diversen Liebeserklärungen, wie ich sie noch nie in meinem [illegible] erfahren habe. Und auch niemals verdient [illegible]!

Eine riesige [illegible] blühende Mimose, die das ganze Haus mit ihrem Duft überströmt und ein Lorbeerbäumchen und eine riesige [illegible] schöner [illegible] Bonbonnière für meine [illegible] und wieviele schöne Bücher und Halsketten [illegible] wunderbare Schale und Siegfrieds und Ullas Bronzeschale voll [illegible] und Rosenblätter, ein Bild von Ursi [illegible] von [illegible] von Gerhard und [illegible] und Bahnchecks und die Zeichnungen von [illegible] und ich habe mir vorgenommen, [illegible] möglichst bald allen zu danken

Dow wieder unter 10000

Angegeben wurde vergangene Woche ... IBM ... Nasdaq ... Cisco, Microsoft, Dell und ... den Verlierern ... Ford und ... zogen ...

Wer entdeckt die Blue Chips?

Boeing. ... Streiks bei Boeing ...

Dienstag, 29. Februar

- ... (BMK) ...
- ... Swissmem (... Maschinenindustrie)
- ... Beschäftigungsbarometer ...

Mittwoch, 1. März

- BMK ABB
- BMK ...
- ... Arbeitslosigkeit

Donnerstag, 2. März

- Handelsbilanz
- BMK Bank Sarasin
- BMK Zürcher Kantonalbank
- Resultate ... 1999

Freitag, 3. März

- US-Arbeitslosenzahlen

[11]

Berne, 29.II.2000

Madame, Monsieur,

Selon nos documents, vous avez dernièrement [illegible] anniversaire.
Nous supposons qu'en votre qualité [illegible] conduire
vous conduisez encore des véhicules à [illegible] cas, nous vous
saurions gré de bien vouloir nous [illegible], un certificat
médical (voir au verso) qui se prononce [illegible]. En vertu
de l'article 7, 3ème alinéa de l'[illegible] octobre 1976, réglant
l'admission des personnes et des [illegible] toutes et tous
les titulaires de permis âgé(e)s de [illegible] soumettre toutes les deux ans
à un contrôle médical et fournir [illegible] remplissent encore les exigences
médicales minimales requises pour [illegible] à moteur.
Bien entendu, vous pouvez [illegible] ou un autre médecin de votre
choix de procéder à ce contrôle.
Si toutefois vous renoncez [illegible] à moteur, le contrôle médical
n'est pas nécessaire. Dans [illegible] retourner la „déclaration de
renonciation" figurant [illegible] l'avoir daté et signé et
votre permis de conduire [illegible] office. Si vous désirez conserver
ce permis comme [illegible] nous le ferons savoir. Dans
ce cas, vous vous [illegible] l'avoir annulé.
Par avance, [illegible] obligeance et nous vous prions d'agréer,
Madame, Monsieur, [illegible] sentiments distingués.

[illegible] de la circulation

lettre sans signature

L'expression de mes sentiments [illegible]

was für Gefühle [illegible]

ins Gleise, alle, [illegible] habe ich [illegible]

mich gewandt und wie oft habe ich [illegible] immer [illegible]

Reaktionen, und dass niemand [illegible]

Aber was das denn meistens [illegible]

Man denkt [illegible]

[illegible] Madame, Monsieur [illegible] Erna [illegible]

L'expression de mes sentiments distingués

Resultate

Tischtennis

Schweizer Meisterschaft

NLB Männer. Gruppe 1. 14. Runde: TTC Basel – Rio Star Muttenz. – Rangliste: 1. TTC Basel 14/52. 2. Rio Star Muttenz 14/31.

NLB Frauen. Gruppe 2. 11. Runde: Young Stars Zürich – Basel. Affoltern a.A. 7:3. – Rangliste: 1. Basel 14/43. 2. Affoltern a. A. 14/32.

Unihockey

Schweizer Meisterschaft

[12]

Ich bin genau so alt wie der Zeitungsverkäufer und in zwei
Jahren werde ich so alt sein wie Adele. Und wie Adele freu
ich mich, wenn ich Blumen geschenkt bekomme. Es ist noch
zu früh für Pfingstrosen, es ist erst Anfang März. Ich habe Pfingst-
rosen gern und habe wie Adele Erfahrung mit Geranien,
ich [illegible] kleinere Eierschalen und bewahre sie lange im
Wasser auf, in Regenwasser. Aus einem Steckling ist ein
Baum geworden, 1 Meter 30 hoch, eine Sorte, die es sonst nicht
mehr gibt, eine frühere Lehrerin hat sie mir vor mehr als
20 Jahren den Steckling gegeben. Ja, man muss von den Geranien
sprechen, wenn man zu mir kommt, ich erzähle allen, wie man
sie pflegt, und dass ich sie im Winter nicht in den Keller stelle,
es reut mich, die Knospen abzuschneiden. Die Lehrerin ist längst
schon gestorben und auch viele meiner Klassenkameraden. Ich habe
niemanden wiedergesehen, aber vor 1 Monat mit meiner ehemali-
gen Banknachbarin telefoniert. Sie hat mir gratuliert. Heuer
wird der Jahrgang 30 siebzig. Adele hat [illegible] den Kranz für
ihre Nachbarin einen Franken gegeben. Nur einen Franken.
Die Geschichte muss schon sehr alt sein. Ja, mindestens
siebenunddreissig Jahre. In dem Buch liegt ein Brief von
1972, in dem mir Peter Bichsel schreibt, er freue sich, es doch
noch geschafft zu haben, vor seiner Abreise eine Geschichte, die
Geschichte vom Zeitungsverkäufer, glaub ich, uns schicken zu
können. Und ich bin froh, wenn ich den von der Solothur-
ner Zeitung gewünschten Text zu seinem 65. Geburtstag
noch vor meiner Abreise schaffe. Ich glaube, die Geschichte,
die er mir 1972 für das Taschenbuch der Gruppe Olten geschickt hat,
war die Geschichte vom Zeitungsverkäufer, der einmal Kaviar
kosten wollte, aber das Gläschen nicht aufbekam. Ich mag diese Ge-
schichte. Der Zeitungsverkäufer ist so alt wie ich. Auch mir
ist vieles unbekannt, und manches davon möchte ich doch
noch kosten. Damals war ich noch jung, auch als ich die
Geschichte von den Pfingstrosen zum ersten Mal gelesen habe,
meine Jüngste war noch gar nicht auf der Welt. Von heute her
gesehen war ich jung, und Adele war eine sehr alte Frau.

Wahlen [illegible]

und ein paar Schnorchler [illegible] wieder [illegible]

Sie zurück [illegible] ausserständische [illegible] von seinen

Gebz [illegible] christliche [illegible] Stifte [illegible] und

wiesene Personen aus dem Kosovo [illegible] Zwangsweise [illegible]

Und während die SVP streitet, macht die SP Sozialpolitik und [illegible]

Schütze deinen Nächsten wie dich selbst. Der Linke im Bild langhaarig und [illegible]

vielleicht. Stop the Kampagne. Niemand hat [illegible] neue TV-Sender gestartet. Aussenpolitik

[illegible] sonnigen prächtigen [illegible] also wieder [illegible] nur [illegible]

[illegible] Platzen bei [illegible]

[illegible] Sonnen [illegible]

nur zu [illegible]

konnten [illegible] und die wilde Ko[illegible]

eine Seite ganz weggeschnitten,

dass für die [illegible]

Rosa Platz bleibt, auch eine ge-

kürzt und [illegible] jungst und damit

Stunden zugebracht, ohne Hunger

und jegliches Zeitgefühl verloren.

Die Sonne schien schön warm,

Aussicht auf die komplette Alpen-

kette immer vor Augen bis zum

Sonnenuntergang nichts gegessen

nur etwas getrunken und auch das

Abendessen vorbereitet und dabei sogar

vergessen, dass ich um 6 Uhr ins Kino

zu Agotas Film gehen und Agota dort

treffen wollte – bis die Skifahrer schon

spät heimkamen und mir dies erst

beim Essen um 8 Uhr, also viel zu

spät, einfiel.

45 Jahre Haft für Kriegsverbrecher

... Ahmići ... die bosnisch-kroatischen Milizen unter ... gegen die moslemische Bevölkerung ...

... beklagten sich UNO-Polizisten über die Passivität der Franzosen. *Stephan Israel*

Druck auf Menschenrechtsgruppe

Kairo. Hafez Abu Saada weilt derzeit in Paris. Er ist Generalsekretär der Ägyptischen Menschenrechtsorganisation Eohr. Ob er demnächst in seine Heimat Ägypten zurückkehren wird, weiss er selbst nicht zu sagen. Denn Hafez Abu Saada würde womöglich vor dem Höheren Staatssicherheitsgericht erscheinen müssen.

Ausnahmezustand seit 1981

In Ägypten herrscht seit der Ermordung von Präsident Anwar al-Sadat im Jahre 1981 Ausnahmezustand. Hafez Abu Saada ist angeklagt, durch Annahme eines Betrages von 25 000 Dollar, gespendet von der Britischen Botschaft in Kairo, die Ausnahmegesetze verletzt zu haben. Ein Dekret von 1992 verbietet Ägyptern, Spenden von Ausländern ohne Genehmigung der Regierung anzunehmen. Wäre, so schreibt die Wochenzeitung «Cairo Times», Abu Saada vor einem zivilen Gericht angeklagt, dann müsste die Staatsanwaltschaft beweisen, dass er das Geld genommen habe, um die nationale Sicherheit zu untergraben. So aber habe Abu Saada «kaum eine Chance der Verteidigung».

... vor staatlicher Verfolgung ... Die ... hat ... einigermassen funktioniert ... Abu Saada wird vorgeworfen, 25 000 Dollar für einen Bericht ... oberägyptische Dorf Al-Koshe ... Bericht, der die Fakten sauber zusammenträgt. Ein zweiter, analysierender Bericht soll folgen.

Abweichler im Dienst des Staates

Ob es diesen zweiten Report je geben wird, ist inzwischen fraglich. Ein Mitglied des Eohr-Vorstandes ist aus der gemeinsamen Front ausgeschert ... «Schlägereien» wie in Al-Koshe passierten in jedem ägyptischen Dorf ...

... Mosambik

... Menschen sind von den ... Überschwemmungen betroffen ... in grosser Gefahr.

Epidemien drohen!

... Ort ... Dank ... auf ... Mosambik

ihl aufsteht und sich um seine Heimkehr sorgt, lässt im Land bleiben. Dieser Herr Duro auch
ein paar Wochen oder Monate länger als acht im Kosovo. Auch Schwangere Frauen, Kranke und
so hätten sie bessere Startbedingungen. Doch schon vor Ende Mai sollen mehrere hundert rückkehrwillig weg-
sah keine Unmenschen. Jedoch ... Hoffnungen ruhen auf Christiane Bonnauds Rolle als Vermittlerin
nicht ein Signal zu setzen und die ... im Bild weisses Hemd und Krawatte hat
Teller(?) wahrscheinlich nicht. Die Österreichs Gesellschaft lang Walze.
... nicht langweilig ...

Montag, 6. [illegible]

So wie Wolken [illegible] Entwerfen [illegible]
[illegible]
Einfälle, drei Briefe und eine Seite [illegible]
[illegible] an die Sonne, die die Rosen vor den [illegible]
[illegible]
Immer mehr Dinge [illegible]
[illegible]
mir Postkarte vorziehe, habe ich schon mehrere Jahre [illegible]
statt. Und wie oft ich mir im Sommer schon vorgenommen habe, mich
im Frühling mit dem Aussäen [illegible]
[illegible]
nicht; zwar [illegible]
sie auch meine Handlungen nicht, fast nicht.

Der Zürcher Flügel der SVP [illegible]
[illegible]

Dann spazieren gegangen, um halb fünf, bei prächtigstem Wetter übers Plateau, den Weg oberhalb der Ferme aux Enfants und le Grand Bois gegangen. Wo der Schnee geschmolzen ist, wird es bereits grün. Wie schnell das Immergrün im Wald das dürre Laub überwächst, wie schnell die Tage wieder länger werden. Um sechs geht die Sonne überm Chaumont unter und der Neuenburgersee liegt aprikosenfarben unten, wo die Elefanten ~~stecken~~ linkerhand die Rüssel ins Wasser. Schade hab ich keinen Zeichenblock mit. Die gleiche Gegend ist täglich neu, fast stündlich neu. Und auf Darstellbarkeit hin betrachtet, kann man gar nicht lang genug, eindrücklich genug schauen: die Formen, Farben, die Valeurs, die Proportionen.

Abends im Berner Kunstmuseum soll ich ein Bild oder einen Künstler vorstellen, im kleinen, fast familiären Kreis. Ich habe Heinrich Anton Müller ausgesucht, der allerdings vor einigen Wochen, als ich mit Konrad Tobler (der dies veranlasst hatte, bzw. die Berner Zeitung) durchs Kunstmuseum ging, nicht zu sehen war. Nun hat Ralf Beil auf meine Bitte hin, ein ganzes schönes Kabinett mit Bildern von Müller eingerichtet. Warum gerade H.A. Müller? Das wertlose Material, gebrauchtes Packpapier, das er in Schichten deutlich auf das gewünschte Format zusammengenäht hat, seine Situation im Irrenhaus, völlig ausserhalb der und des Anerkannten, führt direkt zur Frage nach dem Wert einer, seiner Arbeit, und von jener Kunst überhaupt. Einer bemüht sich etwas aufs Papier zu bringen. Wahrscheinlich sieht er sich nicht als Künstler, wenn auch zeitweise als Gott. Er hat etwas zustande gebracht, er betrachtet es zufrieden und zeichnet, signiert: Dieu (Nun finde ich gerade diese Signatur nicht im Katalog.) Man kann sich diese Bilder auf dem alten zusammengestückelten Karton in Münsingen damals lange bevor „art brut" zum Begriff wurde, herumliegend vorstellen schön und schrecklich, für das Personal wahrscheinlich nur die völlig wertlose Äusserung eines Verrückten. Als Prinzhorn um Bilder bat, gab man dem Kranken gutes Zeichenpapier und diese 4 Blätter sind die einzigen, die auf solchem guten, nicht vergilbenden Papier existieren. Hat man sich in der Klinik geschämt die alten Kartons zu einem Arzt und „Fachmann" zu schicken? ~~Hi~~ Louis Soutters Zeichnungen hat das Anstaltspersonal an einem andern Ort, zum Anfeuern seines Zimmerofens benutzt. Nun sind Müllers Bilder, einfach gerahmt (nur um sie zu schützen) im Museum gelandet. In einem Kabinett aufgehängt, verlangen sie Aufmerksamkeit, die sie ungerahmt in irgendeinem Keller verstaut nicht unbedingt von jedermann bekämen. Man kann sie, ins beste Licht gesetzt und diesmal mit positivem Vor-Urteil von „Sachverständigen" als Kunst deklariert, eingehend betrachten und bewundern und über der pflichtverordneten Bewunderung, das Schreckliche das in ihnen aufscheint, übersehen oder verdrängen. Die Schönheit der Zeichnung springt einen an, sie wirkt als Falle, der man sich kaum entziehen kann. Und bei längerer ([illegible]) Betrachtung schleicht sich ganz unbemerkt auch das Grauen, das an ihrem Ursprung steht, in uns, in mich zumindest, ein.

Heinrich Anton Müller war offensichtlich verrückt. Der Erfinder der tollen Maschinen, die nicht nur Tinguely und Luginbühl inspiriert haben, und von denen keine einzige erhalten geblieben ist, kein Stück, wer hätte den Gestank längere Zeit ertragen, diese Künstler [illegible]. Verrückt. Die im Irrenhaus, im Hof und im Garten konstruierten Maschinen waren viel fantasiereicher und interessanter als die brauchbare und patentierte Maschine zum Beschneiden der Weinstöcke zwecks Veredelung, die er noch als Gesunder, „Normaler" erfunden hat, und deren Entwendung dann dazu führte, dass er den Verstand verlor und in die Münsingen eingeliefert wurde. Erst nach einigen Jahren fing er mit der Konstruktion neuer Maschinen aus Eisen und seiner Kacke an, und als er einen Malkasten geschenkt bekam, fing er auch an zu malen. Es braucht offenbar den verrückten Blick, den im Sinne des Wortes ver-rückten, aus dem Gewohnten gerückten Blickwinkel. Und wie arbeiten wir?

Vor ein paar Tagen kam die
Anfrage von der Solothurner Zeitung, ein Leseerlebnis mit Peter Bichsel
Büchern zu schreiben, zum 65. Nur kurz. Und mir bleiben bis zur
Abreise nach Saarbrücken–Berlin nur noch wenige Tage, kaum
einmal fürs die sonstige Arbeit genügen. Dann öffne ich [illegible]
schlage irgendwo auf, und gleich springt mich die [illegible]
Nun muss ich aber nachmittags nach Bi[illegible]
ausnahmsweise per Auto, weil ich von dort [illegible]
endlich (nach 2 Jahren) Onkel Oskars [illegible]
schrank abzuholen. Also steig ich
ein, komme nicht mehr zum [illegible]

Weil ich nach Bischofszell fahren muss, muss ich alter [illegible]
wenn ich an der selbe grosse Liebe habe, muss also auch bis vorgestern [illegible]
mit ins Auto setzen und zu einem Gefährten, von dem ich bis [illegible] die Sonne [illegible]
Konfiliert eine vorstellen konnte: Zu dem hasse ich bald gel. Stossen um [illegible]
bei Kloten, wo alle möglichen Fahrbahnen aufeinander[illegible], niemand halt [illegible]
Spass, wo nur normale wäre Spass macht kein Spass mehr, meine genau noch im Hinterkopf
Fahrbahn über eine andere gerne in die nächste, wo bleibt da meine Affiche soll [illegible]
regnet es, regnet weiter bis Elgg, wo ich nach der Bahn rechts abbiegen [illegible]
zwei weitere Kapitel nach Bischofszell [illegible] bei einem ehemaligen Gasthaus nach rechts [illegible]
[illegible] reich [illegible] Bauernhof [illegible] Dahinter [illegible]
Für diesen liebe ich selber [illegible] schönen Haus bei den freundlichen jungen Künstlern
Vorabend Dank eine fast familiäre Atmosphäre bei der Lesung in der Bibliothek, ein paar Gespräche

[17]

Aus Bischofszell Richtung Rorschach, St. Margrethen, Bregenz nach Lindau gefahren & den Lindenhof gesucht und gefunden. Gute Gespräche mit G. und mit der Schwester, einer ehemaligen Schulkollegin, an die ich mich nicht mehr erinnere. Skizzierte Lindenhof [illegible]. Warum [illegible] Wer bezahlt? Und wie bist du mit der Eva verwandt? [illegible] und auch wir, aber eine andere Linie als G., miteinander verwandt. Muss das sein? Bald werden wir nicht mehr [illegible] genug doch noch [illegible] [illegible] sollen wir verwandtschaftlich vernetzt und eingefangen werden: [illegible] muss sein. Ich verspüre keinen Drang mit Unbekannten [illegible] willkürlich verwandt zu sein, spüre, wie meine Eltern [illegible] mich zu distanzieren. Beim geringsten Erfolg stellen sich Verwandte [illegible] Freundschaften ein, aber heirate nur keinen Juden! Und was sieht [illegible] G. sicher nicht, zu der Opportunistin und Warnerin, [illegible] dies [illegible] Freund war, warum meine Mutter Abstand von [illegible] Familie nahm. Erst die Enkel aller Nazis sind wieder erträglich.

Mit einem Aquarell meines Schwiegervaters und einem grossen Koffer über zwei Grenzen gefahren, gottlob ohne jede Kontrolle. Wir dachten, im Koffer sein nur Papiere, vor allem Briefe, und dann zu Hause fanden wir alles Mögliche: Zinnteller, zinnerne Fische als Modelle für Türgriffe für die Kirche von Sevelen, Pilzbücher und Dokumente und vor allem Briefe. Alle Briefe aus Flieden und den anderen Lagern, in denen Onkel Oskar gewesen war. Die schmerzlichste Zeit seines Lebens ist nachzulesen. Und er erscheint mir wieder und wieder lebendig

[18]

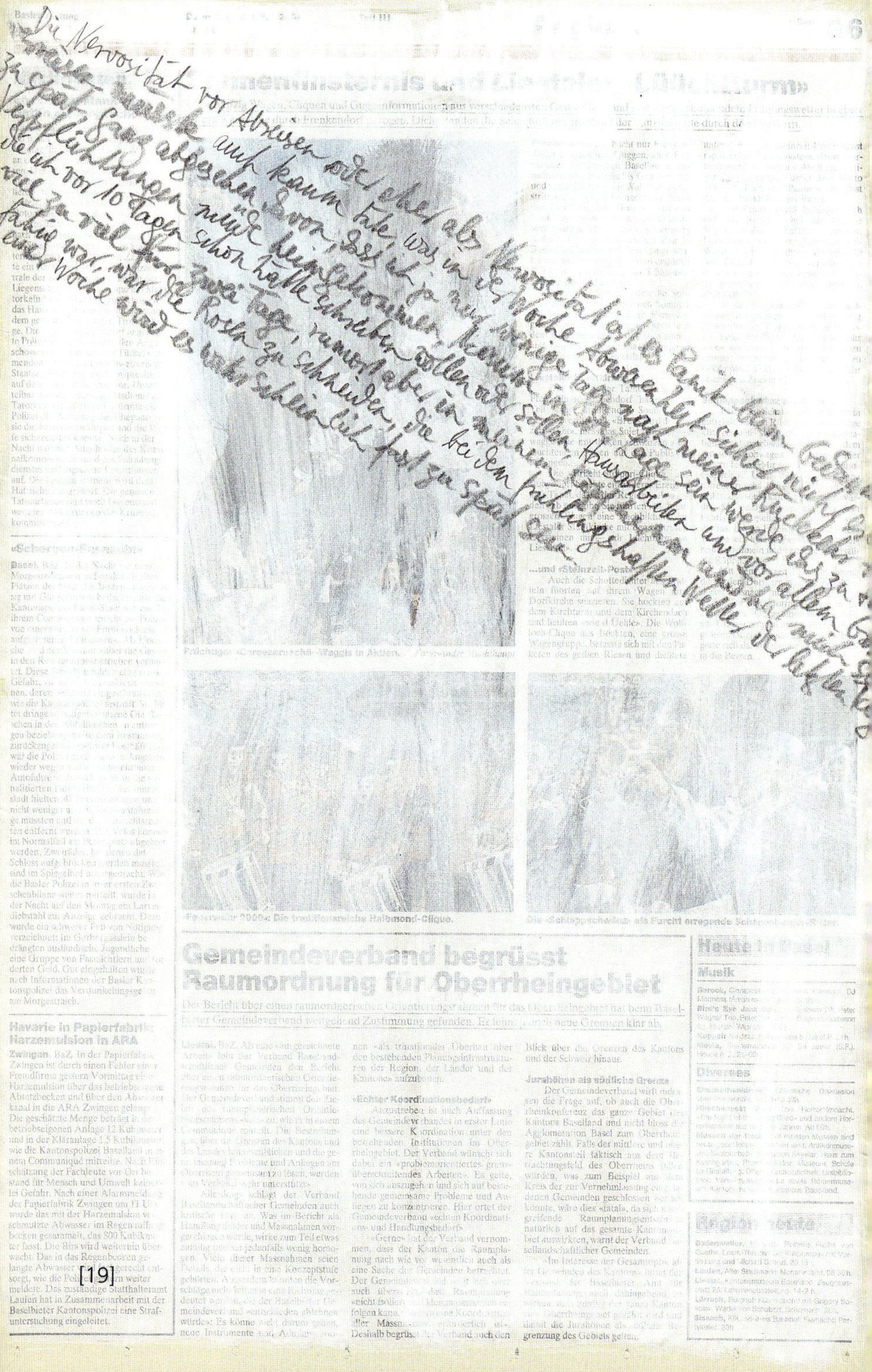
Die Nervosität vor Abreisen
Gemeindeverband begrüsst Raumordnung für Oberrheingebiet

[19]

Dienstag, 14. März 2000
Nr. 62
23

25. März 2000

Zurück aus Saarbrücken, Berlin–Prenzlau, Schwedt + Berlin.
Die zwei jungen Humoristen aus Berlin bzw. Saarbrücken, die die
Einladungskarten für die Lesung am Tag der Lesung, nämlich
Samstag verschicken, so dass sie am Montag, zwei Tage, bzw.
zwei Wochen zu spät erst bei potentiellen Hörern ankommen,
am Nachmittag noch Leute telefonieren und drei Besucher mobi-
lisieren, zu den vielen, die auf meine Telefonate hin kommen. So sitzen
dann mit Spiegel etwa 18, in Realität ganze neun Figuren da-
sitzen und uns zuhören – vor zwei von Gians Bildern, die er
aufgefordert von Daniel Sal, hergebracht hat und die ganze Reise
mitschleppen muss. Die Berliner Zuhörer sind aber ein gutes, sehr auf-
merksames Publikum. Keine Bücher – in Saarbrücken waren zu-
mindest meine Bücher da, Gians zu spät bestellt, auch die Einladun-
gen dort spät verschickt + wenig Publikum. Keine Einführung, kaum
Diskussionen. Die kleine Publikation, die Daniel (und indirekt
auch mir) viel Mühe gemacht hatte, wurde erst in Berlin kurz
vor der Lesung fertig. Und für das Wenige haben sie das Geld von der P.H.
kassiert und die Flüge für drei, 1. Klasse Bahn + Hotel bezahlt.
Einen guten kalten Sonntag lang mit Elfriede Gendarmen-
markt, Potsdamer Platz und Dorotheenstädt. Friedhof u. und und.
So wie am Montag mit Irmi, doch ganz anders. Nachdem wir mit T.
das alte Zentrum durchwandert hatten, nach den fürchterlichen
japanischen Porträtfotos von Wachsfiguren im Guggenheim
(aber Montag sind die guten Museen in B. geschlossen), einen tollen Eindruck
von Libeskinds jüdischem Museum, in das ich zuerst nicht eintreten und
mich keiner Führung anschliessen wollte. Dann von den Innenräumen
und deren anfänglicher Verunsicherung begeistert. Nur erlebe ich lieber
sowas allein und ohne Erklärungen: Alles was man zur Idee dieser Archi-
tektur wissen sollte, steht am Anfang, formuliert vom Architekten, und muss
nicht in unzähligen Wiederholungen und Banalisierungen vorgebetet werden.
Eigenartig war es, Irmi zu treffen oder wieder zu treffen, eine alte Schulfreun-
din (vor wenigen Monaten in Bendenthal), an die ich mich nicht mehr hatte
erinnern können. Kann ich das jetzt? Sie wäre, hätte ich nicht telefoniert, bis
nach Prenzlau gekommen, um mich zu treffen. Und jetzt sitzt sie mit ihrem
Mann im links-rechts gestrichenen Ballhaus und dann beim Italiener in der Burg,
und ich krame im Gedächtnis, finde aber nur eine gelbe Blume, deren brau-
nen Saft wir auf unsere Warzen tüpfelten: Schöllkraut. Ich sehe genau den Wegrand voller
Unkraut neben dem halbverfallenen Haus, das wir nicht betreten sollten, das
uns, zumindest mich, gerade darum unwiderstehlich anzieht. Ja, sagt sie, sie hatte
Warzen. Und ein paar Tage später: Das war nicht Johanniskraut, sondern Schöll-
kraut.

Gab es eine Diskussion im Anschluss? Kaum zum Text. Aber wann gibt es eine zum Text. Höchstens über Inhalte lässt sich reden. Für das Nichtzuhören wurde bemerkt und besprochen. Gut war, daß die Lesung vorbereitet, ein Interview von Jean Villain. Das fehlte in Schwedt. Dort die Frage eines jungen Mannes, eher die Feststellung, die Tschechen seien viel bürgerlicher als die Ostdeutschen, hätten jedenfalls eine viel bürgerlichere Kultur, was ich als Behauptung zu widerlegen versuchte, vergebens. Und bei längerem Nachdenken frage ich mich, ob er nicht recht hat. Zwar sind meine tschechischen Freunde nicht bürgerlich im herkömmlichen Sinn, sind es aber doch aus marxistischer Sicht – in der Arbeit wie in der Lebensform. Lucie T. ist zudem noch antifeministisch. Wahrscheinlich hat es in der Tschechoslowakei nie eine richtige Diktatur des Proletariats gegeben, wahrscheinlich haben die Jahre NS-Deutschland die Ostdeutschen viel stärker geprägt und die darauf folgenden kommunistischen Jahre haben sehr viel Gläubige vorgefunden als in der ČSSR. Also auch die Frage an mich, an uns: wie bürgerlich sind unsere künstlerischen Vorstellungen und Werte? Wir bauen alles auf den Mesopotamiern, den Ägyptern + den archaischen Griechen auf und bekommen nur einen Blick auf die sozialen Produktionsbedingungen in jenen Zeiten. Einige Gespräche, viele Berichte über das alltägliche Leben, die Arbeit und die Arbeitslosigkeit, die konkreten Ängste, vor allem von Fr. Schmidt, die uns einen Tag herumchauffiert, aber auch (wenige) andere, erwecken einen anderen Eindruck als in Westdeutschland. Sehr viel Ungerechtigkeit, Enttäuschung. Wie schon vor 10 Jahren, frage ich mich, ob man die ehemalige DDR nicht hätte als zweiten autonomen Staat in die EU aufnehmen können, den völlig anders als im Westen geprägten Menschen ihre eigene Entwicklung zu erlauben können. Ich höre einige Geschichte laut lachen.

Wieder mal vor dem Wegfahren Lust zu was ich jetzt keine Zeit habe, besser gesagt: keine Zeit hätte. Ein paar Sachen sind noch zu bügeln vor dem Koffer packen, im Blumenhaus muss ich noch giessen, weiss Gott was alles wollte ich noch erledigen, wieviele Briefe sind unbeantwortet, es wird langsam dunkler, trotz Sommerzeit. Die diversen Papiere für Krakau muss ich noch zusammen suchen – und überall, in der Wohnung und im Atelier ist grösste Unordnung. So als wäre es für alles in einer Woche zu spät. Dass das Flugzeug abstürzen könnte, wird mir meine Grossmutter vorhalten, und ich hinterlasse ein entsetzliches Chaos. Tant pis. Cosmos oder die Kunst auf der [illegible] Ich suche nach dem Unendlichen [illegible] von Wunder, dass die gänzlich vermessene Welt geblieben ist. Und alles ist anders.

Zu vieles fällt zusammen oder die Reise durch Deutschland fällt zu nah zu der Reise nach Krakau: Fünf Tage sind zu kurz um anzukommen, den Berg Post, der sich während der Abwesenheit angesammelt hat, zu lesen und womöglich zu erledigen viel zu kurz, um Wäsche waschen etc., im Garten wächst alles rasant davon, ich sollte umgraben und die grössten Unkräuter jäten und habe nur einige Rosen noch schnell geschnitten, aber noch nicht alle. Und habe Lust hier weiter zu kritzeln auf dem gestrigen Blatt, den gestrigen Neuigkeiten, die ich noch kaum zur Kenntnis genommen habe. Aber das Leben werde besser. Das Leben in Russland werde besser, auch wenn Putin wie in Tschetschenien hart durchgreift. Wider Erwarten schaffte er es bereits im ersten Wahlgang mit 52,5% der Stimmen. Er will seine Kurslinie fortsetzen und die Militäroffensive im Tschetschenienkrieg bis zum Ende fortsetzen. Daneben (heute) das kunstfröhliche Bild der lachenden Oscar-Empfänger. Über Personal-Problemen im Basler Kantonsspital, vernachlässigter Integration der Ausländer und höheren Lohn-Forderungen lachen sie sich zum Totlachen. Israel hält am Rückzug fest, Jospin setzt vermehrt auf Politprofis und morgen früh fliege ich nach Krakau und statt Blusen zu bügeln und Koffer zu packen, lese ich die Zeitung und kritzle was mir daraus auffällt auf.

«Da[illegible] Leben wird besser – a[illegible] Putin hart durchgreift»

«Ein anständiger Mann, der sagt, was er denkt»: Wladimir Putin bei der gestrigen Stimmabgabe.

Moskau. Seit Wochen hat Wladimir Putin Sprechstunden für den einfachen Bürger ab. Ein paar hundert Meter neben dem Kreml warten jeden Tag Dutzende von Menschen vor einer frisch renovierten Villa der Zarenzeit, um dem neuen Herrn des Kreml ihr Herz auszuschütten. Natürlich nicht Putin persönlich. [illegible] Mitarbeiter seines Wahl[illegible] empfangen in [illegible] Wladimir [illegible] Putins [illegible] Empfangszentrum [illegible] levard [illegible] 100 [illegible] täglich und [illegible] die [illegible]

Versuch, Stimmung einzufangen

Putin selber hat das Empfangszentrum nie besucht. Der [illegible] Anato[illegible] Medwedew, im Haupt[illegible] General der Steuerpolizei, macht kein Geheimnis daraus, dass seine Arbeit weniger für das Wohl der Bittsteller als für das Wohl Putins wichtig ist. «Unsere Arbeit ist wie eine psychologische Analyse der Gesellschaft, ein Versuch, die Stimmung auf der Strasse einzufangen.» [illegible] was [illegible] und seine Helfer [illegible] die Beschwerden oder Bittgesuche an die zuständigen Ministerien weiterzuleiten. «Richtigen Einfluss haben wir dort allerdings nicht.»

Doch von diesen Details lässt sich Anna Sergejewa nicht beirren. [illegible] ganz Russland erwartet [illegible] amtlich ge[illegible] Kandidaten [illegible] dass Putin Ordnung schafft und [illegible] Diebe und Korruptionäre hinter Schloss und Riegel bringt. Ich bin froh, dass er aus dem KGB kommt. Ich glaube, dass seine Energie und sein Verstand eine Folge [illegible]

[illegible] sich an Wladimir Putin, von dem sie wenig wissen, aber viel erhoffen. Der [illegible] Jelena Tichonowa gefällt Putin, obwohl er in den drei Monaten seiner Regierung noch nichts gemacht hat [illegible]

Grosse Hoffnungen

Trotzdem glaubt sie, dass Putin etwas Gutes für Russland tun kann [illegible]

«Marionette der [illegible]»

Um im Empfangszentrum einen nachdrücklichen Eindruck zu machen, hat Wetrow Frau, Sohn und Tochter die 250 Kilometer [illegible] Orel [illegible]

[illegible] ein anständiger Mann, der sagt, was er denkt. Ich glaube [illegible]

[illegible] Hassel

[21]

4./5. April

Zurück von Krakau ... ein [illegible] in Erfüllung gegangen, und sogar [illegible] verschiedene sehr schöne Orte [illegible] nein, so schön wie erwartet. [illegible] Freunden, vor allem [illegible] Kurt [illegible] ich ausser[illegible] Tage, [illegible] gehabt. Jetzt brauche ich [illegible] Ruhe. Auch ganz [illegible] Engel. Ich sollte Narrenfr[illegible] Und während an meiner Hosen[illegible] klebt, so wie das, was ich dort [illegible] klebt, blüht es im Garten, die [illegible] und die Knospen am Kirschbaum [illegible] bis Ende, ein bisse gleichzeitig in [illegible] Alles, Schönes und Grausames, gleichzeitig.

In der gleichen Stadt, in der mein Grossvater im ersten Weltkrieg als k+k Soldat stationiert war, die gleichen Strassen, Gassen und Häuser stehen noch da. Was für die meisten Schweizer normal ist, erscheint mir wunderbar. Und ~~dann~~ vorher, wie auf dem Rückweg, die [illegible] lange Busfahrt durch genau die Gegend, in der er botanisiert hatte, den Brief, den er seiner Schwägerin zur Hochzeit geschrieben und worin er von Krakau und der schönen Umgebung berichtet, hab ich noch. Alles sehr erfreulich, aber dann: Am Sonntag in Auschwitz und in Birkenau. Die Ausstellungen in den verschiedenen Blöcken. Ein Blick auf die am Boden ausgelegten Haaren, Stoffsäcke, auf die sehr schmalen Kajütenpritschen, auf denen sie zu zweit oder zu fünft liegen mussten, wie [illegible] die Zwischenräume, alles, was ich bereits auf Fotos oder in Filmen gesehen hatte, sah doch ganz anders. Die handschriftlichen Berichte z.B. die der SS-Leiter über die Zigeuner, mitfühlend bis zu einem gewissen Grad, und entsetzlich herablassend. Und immer wieder die Gruppen junger Israelis, dicht gedrängt, mit Israelfahnen, die nicht nur mich an andere Gruppen von Jugendlichen mit Fahnen erinnerten. Nein, das ist kein Sightseeing, es ist der Anblick oder die Darstellung der Hölle, ohne Insassen, die werden von der Vorstellung oder Fantasie eingesetzt oder eben nicht eingesetzt, der Mensch scheint unglaublich wirksame Schutzmechanismen zu besitzen, die ihn im Notfall abschotten. Unabhängig voneinander zwei Erzählungen von entsprechenden Menschen, Kosselek und Baumgart, wie mit den Bergen von völlig verunstalteten Leichen umgegangen wurde: witzelnd, mit Galgenhumor, in Auschwitz wie in Dresden, von „normalen", keineswegs sadistischen Leuten, die dazu verdammt waren, diese Berge von Leichen wegzuräumen. Zwei, die in Auschwitz gewesen waren, Kertesz und Kosselek, stehen da ins Gespräch vertieft. Beide sehen ruhiger, distanzierter aus als die nicht direkt Betroffenen. Hältst du das aus? frag ich Imre. Ja, sagt er und schaut mich an. Er will seiner Frau zeigen, wo er als Kind gewesen ist. Birkenau bei Regen. Sehr eindrücklich, aber fast so als besuchte man klassische Stätten, griechische oder römische Ruinen. Ohne die Ausstellung, die wir gerade gesehen hatten, wäre es fast ein ästhetisches Erlebnis. Auch das scheint ein Schutzmechanismus zu sein. Ich schreibe hier einfach so vor mich hin, aber auch nur annähernd zu beschreiben, was mit mir am Sonntag und seither passierte, brauchte Zeit, schriftliches Nachdenken, Mühe – wahrscheinlich ist es im Ganzen gar nicht möglich. Aber was ist als Ganzes überhaupt darstellbar?

Amerikaner lieben das Genfersee-Ufer

Ab 2002 zehnstellige Telefonnummern

Das Problem der Prognose

[22]

[1] Dienstag, 25. Januar 2000

Der Jura sieht hier, zwischen Moutier und Delemont, ganz chinesisch aus. Wenn ich nicht wüßte, daß die Bahn, in der ich jetzt sitze, die Strecke Biel – Basel fährt und daß diese Felsen, diese senkrechten bizarren Felswände, jede Falte, die rundgeschliffenen Überhänge, die einzelnen Föhren bis hinauf zum Grat, alles frisch dünn verschneit, der Jura sind, ich könnte meinen, in China zu sein. Die im rechten Winkel mit der Schmalseite auf die Schlucht stoßenden Wände sind unglaublich dünn, als wären sie aufgemauert, von einem, der von Statik keine Ahnung hat. Über allem die Sonne. Endlich ein nebelfreier, aber sehr kalter Tag.
In Basel treffe ich um zwei M. M. im neuen Literaturhaus. Sie zeigt mir das ganze, fast fertige Unternehmen. Zur Eröffnung planen wir eine Ausstellung im Foyer. Ich skizziere ihr, wie ich mir die vorstelle. Die täglichen Zeitungsnachrichten, überschrieben mit meinen privaten Notizen.
Wann fängst du damit an?
Heute.

[2] Donnerstag, 27. Januar 2000

Große Lust Bomben zu legen, wenn ich an die Expo denke, die hier (statt in Spreitenbach oder sonst einem wüst verbauten Ort) stattfinden und unsere noch einigermaßen ruhige Gegend »entwickeln« soll. Als gäbe es nicht genug Themen oder Vorhaben, die man entwickeln könnte, entwickeln müßte, neue Arbeitsmodelle zum Beispiel, ganz neue Lebensmodelle, für die aber das nötige Geld nicht aufzubringen ist.
Die Strafe für mein Attentat (bei dem es selbstverständlich nur um Sachschaden geht, bzw. um die Verhinderung von Ruhe- und Umweltschäden in der Region), wäre annehmbar, meint S. B., dem ich davon erzähle, denn in meinem Alter bedeutet selbst »lebenslänglich« eine absehbare Zeit. Eine Zeitspanne, mit der man sich mehr oder weniger gut abfinden könnte. Als Altersversorgung, statt Altersheim, die letzten paar Lebens-

jahre Knast: neue Eindrücke (sehr viel schlimmer als im Altersheim werden die kaum sein), ein Thema. Erfahrungen sammle man nur gezwungenermaßen, hat einer vor langem einmal gesagt.

[3] Samstag/Sonntag, 29./30. Januar 2000

Muß das sein?
Nein, es muß nicht unbedingt sein.
Warum tust du es dann?
Ja, warum will ich es eigentlich tun? Ich könnte es auch sein lassen. Man kann alles sein lassen. Man kann fast alles sein lassen.

Muß das sein? Was hab ich mir da eingebrockt.
Keine Kunst. Du setzt oder stellst dich täglich hin und schreibst auf, was du dir denkst oder auch was du nicht denkst, gedankenlos notierst du, wie gedankenlos die Zeit vergeht, während um dich herum Schreckliches und Schönes geschieht, für so manchen die Welt untergeht. Muß das wirklich sein? Du könntest es auch sein lassen. Man kann alles sein lassen, fast alles kann man sein lassen.

Ein heftiger Schneesturm an der Ostküste der USA hat das Land mit einer 60 cm dicken Schneeschicht überzogen. Flughäfen und Schulen wurden geschlossen, das öffentliche Leben Washingtons lahmgelegt, 250000 Menschen sind ohne Elektrizität. Notstand in Carolina und Maryland (die ich vor einigen Jahren bei Schneesturm allein im Auto durchquert habe). Und der Wintersturm zieht in Richtung Neuengland weiter. Ich muß meine Schwester, die in Maine wohnt, anrufen. Lothar, der weihnachtliche Sturm hier, hat das Vorzelt meiner Roulotte zerrissen und den Türladen des Ateliers mit einem Stück der Mauer ausgerissen. Kein sehr großer Schaden im Vergleich zu den verschiedenen Waldstücken über der Stadt, wo die Bäume wie Zündhölzer kreuz und quer übereinander liegen oder wie ein riesiges hingeworfenes Mikadospiel.

Daß man den Funken in der Asche suchen müsse, das habe Fritz Stern gestern gesagt, erzählt mir A.
Mit N. in die Roulotte, den Mäusemist ausputzen.

[4] Mittwoch, 2. Februar 2000

Größeres Entsetzen als über Haider packt mich über den Schüssel. Der steht, ein normaler, tüchtiger, vielleicht sogar privat recht freundlicher Bürger, Christ, für die normalen, sehr tüchtigen netten Männer, die, um zu reüssieren, mit jedem Teufel einen Pakt schließen würden. Wer immer mir zum Ziel verhilft, der ist mir recht. Hitler hatte solchen Leuten seine Macht zu verdanken. Ein Kanzleramt oder ein sehr gutes Geschäft – her mit dem Haider. Und ich fürchte, so wie es im Vorfeld nicht gelungen ist, die Gefahr abzuwenden, so wenig wird man jetzt imstande sein, Haider und seine Leute loszuwerden. Erfreulich allerdings, daß so viele Österreicher protestieren. Und schade, daß Schüssels Parteileute nicht protestiert haben, sie hätten den Schaden verhindern können, die guten konservativen Christen, denen, wie ihrer Kirche, die Macht über alles geht.

Die Grippewelle dauert weiter an und hat zu einem starken Rückgang der Blutspenden geführt. Die Rebellen, die, welche die Russen Rebellen nennen, ziehen sich offenbar aus Grosny zurück. Und der E-Commerce boomt. Die Schweizer Wirtschaft läuft auf Volllast (Orthographie der Baz). Was heißt Vollast? Sie wächst kräftiger als bisher angenommen. Und 88 Tote nach Sturzflug ins Meer. Und 31 Tote bei Busunglück. Und 439 Strahlenopfer. Und keine Rettung mehr nach dem Airbus-Absturz vor der Elfenbeinküste. Alles Nachrichten von heute. Im Sternbild des Orion leuchtet jetzt der große Orionnebel. Eltern sind und bleiben Eltern: Gratwanderung der Erziehung. Großeltern sind und bleiben Großeltern. Wieweit wurde ich von meinen Großeltern erzogen, wieweit von meinen Eltern? Ich hatte mehr Freiheit den Großeltern gegenüber, trotz der strengen Großmutter, so als hätte ich bei dem, was sie mir beibrachten, eine Wahl gehabt. Und wählte den Großvater als Vorbild, obwohl er von Vernünftigen, wie dem Vater, belächelt wurde. Doch war er bei weitem der Weisere – nur scheinbar ohne pragmatische Vernunft, war er von erstaunlich pragmatischer Weisheit. Also eher Vorbild als Erzieher. Was bedeute ich wohl meinen Enkeln, und was werde ich ihnen später einmal bedeuten? Wahrscheinlich jeder und jedem etwas anderes, so wie mir jede und jeder etwas anderes bedeutet. Nur die Liebe scheint mir wichtig, Liebe ohne Plan.

[5] Samstag/Sonntag, 5./6. Februar 2000

Die Chirurgen sind, wer hätte anderes erwartet, gegen die neuen Arzttarife; und in Basels »Mitte«, im Café Philo, hat I. Einstand: »Das Schöne ist unwiderstehlich.« Ich würde ihm gerne widersprechen, unserem lieben I., schön und liebevoll könnte ich, so glaub ich es zumindest, der Verherrlichung der Schönheit widersprechen. (Woher die wohl kommt, meine Lust zu widersprechen? Doch längst nicht mehr immer.) Und Österreichs Regierung regiert natürlich, trotz Protesten. Und was werde ich heute kochen? »Ein Hauch von Vorfrühling«: romantischer Wetter-

bericht. »Der dramatische Kampf der Piloten« der abgestürzten Maschine ist aus dem Stimmrekorder zu hören. Und die 19jährige Crystal Cormick bekommt zum zweiten Mal Drillinge. Wer wird ihr beistehen? Was werde ich heute abend, wenn Besuch kommt, kochen?
Dazu neue Kenntnisse über Kohls Schwarzgelder. Er habe weit mehr schwarze Parteispenden entgegengenommen als bisher bekannt. Alles oder nichts in Nordirland? Wenn die Paramilitärs nicht abrüsten, will die britische Regierung Teilautonomie aufheben. Das Trauma, ein Leben. Zwischen Trauma und Traum sei Österreichs neue Wirklichkeit nun angesiedelt. Was den Sozialdemokraten Trauma, sei den Freiheitlichen die Erfüllung des Erfolgstraums. Wie poetisch die Zeitungen sein möchten.

Helenkas Mohnkuchen: 140 gr Butter mit 120 gr Zucker und 5 Eigelb schaumig rühren, dazu 170 gr Mohn mahlen und 70 gr Nüsse mit ein wenig Zimt und 30 gr Mehl plus Backpulver zum Teig verarbeiten und den Schnee von 5 Eiweiß darunterziehen. Langsam backen bei 180°, Gas Stufe 3 – 4. Und guten Appetit! Kulinarischer Patriotismus oder eher kulinarische Nostalgie. Geht auch die Vaterlandsliebe durch den Magen? Jedenfalls schmeckt Helenkas Kuchen vorzüglich, auch Nicht-Tschechen. Und er hält sich, gut verpackt, tage-, wochenlang. Immer wieder bringen mir tschechische Freundinnen und Freunde tschechische Spezialitäten mit: Mohn und Powidl oder Karlsbader Oblaten, ohne die man keine richtige Pischingertorte machen kann, und ohne die (oder was wir »Pischinger« nennen) ist es kein richtiger Geburtstag. Sogar das Prager Radio-Team kommt mit »rein literarischen« Mitbringseln an: ein Mohnstrudel und mit Powidl gefüllte Buchteln. Was in der »engsten Heimat« vorkommt an Rezepten und Speisen, das bringen sie mir mit, sie haben mit Vergnügen die tschechische Übersetzung gelesen.

[6] Montag, 7. Februar 2000

So leben wir
    So leben wir
        So leben wir alle Tage

alle Tage

alle Tage

alle Tage

alle Tage

alle Tage

alle Tage

alle Tage

alle Tage

alle Tage

alle Tage

[7] Dienstag, 8. Februar 2000

So leben wir alle Tage, und dann leben wir nicht mehr. Ein Telefonanruf: Vor einer Stunde ist W. gestorben. Und er steht da vor mir, 18jährig, auf Besuch im Kinderheim Schleusingen. Was für einen lieben und schönen Onkel du hast, beneiden mich die anderen Kinder. Nein, das ist mein Cousin, sag ich sehr stolz und gewinne an Alter und Ansehen. Ich sehe ihn, immer noch sehr jung und in Uniform, an der Ecke der Kronprinzenallee steigt er ins Tram ein, und Abschied winkend, halte ich seinen Militärmantel im Arm. Das ist schon zu anekdotisch, es ist seine sehr große, früher schwere, später dann ein wenig gstabige Figur, sein Gesicht, das ganz eigene Lächeln, seine Art zu reden, was mir (buchstäblich) vorschwebt. Das ruhige Gespräch, eine ungewöhnliche Nähe beim Spitalbesuch nach seiner Herzoperation, vor Jahren, und die Reise mit ihm in der Ambulanz von Heidelberg nach Karlsruhe. Alles, was uns seit der Kindheit (nicht nur familiär) verbindet, war damals und ist auch heute wieder präsent.

Vor wenigen Tagen hab ich doch noch mit W. telefoniert, um ihn zum Geburtstag einzuladen, aber das konnte er nicht mehr und lud mich hingegen zu seinem Achtzigsten ein. Und nun wird aus dem Geburtstagsfest sein Begräbnis.

[8] Sonntag, 13. Februar 2000

Vormittags Sitzung im Museum PasquArt Biel mit einer Kollegin und vier Kollegen. Wir besprechen unsere gemeinsame Ausstellung im Juni und schauen uns die diversen Räume, die wir untereinander aufteilen sollen, an. Entwickeln diese und jene Idee, zeigen uns ein paar wenige von unseren Fotos und Katalogen. Im Verlauf der Besprechung wird etwas deutlich, was ich und auch die andern nicht realisiert hatten: Die Ausstellung läuft parallel zur nationalen Plastikausstellung. Schade. Mir wäre lieber gewesen, sie fände ganz unabhängig zu den anderen Événements statt. Nun kann das Ganze als Gegenposition (der Alten) zur anderen Ausstellung gesehen werden.

Ob Politik oder Kunstpolitik, die Dinge scheinen den Akteuren immer wieder zu entgleiten. Und es ist schwierig, den Gang der Dinge so im Griff zu behalten, daß man am Ende dazu stehen kann und nicht an etwas teilhat, das man so gar nicht wollte. Da sind die Mißverständnisse, warum, habe ich nicht beizeiten verstanden, was da alles zusammenläuft, um beizeiten zu sagen, bitte so nicht; und jetzt ist es offensichtlich zu spät, noch etwas am Konzept zu ändern. Der Veranstalter oder Organisator ist krank, und es ist nicht mehr genügend Zeit, das Ganze auf einen besseren, einen neutraleren Zeitpunkt zu verschieben und für den Juni Maler statt Bildhauer einzuladen.

Ein erfolgreicher Großwildjäger im St. Gallischen hat erfolgreich Halali geblasen. Viele haben auf ihn gehört. Das aktuelle Klima ist Frauenanliegen offensichtlich nicht sehr förderlich. Keine Frauenquote also. Und auch Nein zum »Umverkehr« – keine Gnade für eine Halbierung des Verkehrs. Wer wird heilige Kühe schlachten? Keine Gnade für eine Utopie, im Gegenteil: »Avanti«, avanti, machen wir unsere Welt kaputt!

[9] Montag, 14. Februar 2000

Wie uns die Nachrichten erreichen. Und was machen wir damit? Mit den fatalen Nachbarschaften? Auf derselben Seite das Blumenbouquet für den Valentinstag: Denk dran, der 14. Feber ist der Tag der Verliebten! Streng reserviert, oder *strikt* für Verliebte reserviert. Und direkt unter der Frage, welche Blumen für wen die richtigen seien, rote Rosen für die brennende Liebe,

direkt darunter gesteht ein junger Mann den Mißbrauch an der kleinen Sophie.

Der Schreck, daß im Nachbarort eine Neunjährige von einem Vierundzwanzigjährigen in ein Auto gezerrt wird, mitten im Ort am hellen Tag, dann schändlichst vergewaltigt und fast zu Tode gewürgt wird. Einer von vielen Schrecken, die täglich via Radio und Fernsehen und Zeitung mir ins Haus und zu Bewußtsein gebracht werden. Diesmal trifft er direkt, denn das Greuel geschah nebenan, und das Gleiche ist schon einmal im gleichen Ort geschehen, mit tödlichem Ausgang. Es sei dem jungen Mann ein plötzliches Bedürfnis gewesen, ein unwiderstehliches Bedürfnis. Tröstlicherweise haben andere das Bedürfnis, den Objekten ihres Verlangens Blumen zu schenken. So trösten uns die Medien meist auf der gleichen Seite oder in der nächsten Sendeminute mit Tulpensträußen. Nach der Reihe verstümmelter Leichen: ein Fußballsieg.

[10] Montag, 14. Februar 2000 (II)

Die Theiß ist ein toter Fluß, der Ätna spuckt, im südlichen Afrika die schwersten Unwetter seit vierzig Jahren. Fürst Rainier von Monaco (76) ist zum zweiten Mal erfolgreich an der Lunge operiert worden, Liz Taylor wird für ihren Kampf gegen Aids geehrt, und starb Glenn Miller im Bombenhagel? War der Lokführer nicht informiert? Beim Unglück waren acht Menschen getötet worden. Der Kindsentführer ist verhaftet und hat gestanden. Nachdem alle in der Umgebung von Le Landeron, in unserer Umgebung, um ihre Kinder und Enkel gezittert haben. Und noch immer ist nicht klar, wer hinter dem Hackerangriff steckt, der letzte Woche große Online-Anbieter lahmgelegt hat. Ganz neue Möglichkeiten, sich gegen unerwünschte Entwicklungen zu wehren.
Schau dir diesen frommen Mann einmal gut an. Clintons Ökonomen strotzen vor Optimismus.
»Was macht das Modell Haider so attraktiv?« Warum steht dies im Feuilleton? Wir haben unsere eigenen Probleme mit rechtsextremen Politikern, auch die USA haben ihre eigenen Probleme.

Am Fernsehen die Bilder von der Theiß: ein toter Fluß. Bei Kanjica an der ungarisch-jugoslawischen Grenze werden mehr als eine Tonne toter Fische an Land gezogen. Es könne Jahre dauern, bis sich das Ökosystem des Gewässers erhole. Die Folgen sind verheerend.
Nur wenige der heutigen Nachrichten, und in deinem Kopf hat es kaum mehr für etwas anderes Platz. Trotzdem wird dir etwas einfallen müssen, und wenn es nur für das Abendessen wäre.

[11] Montag, 28. Februar 2000

A. kommt am Mittag an; ich habe gerade mein Pensum für heute beendet, Post angesehen, wieder zu viel, um alles zu erledigen, zu antworten, danken, etc. Keine Zeile zustande gebracht. Herrliches Wetter, wir tragen die Gartenbank in die geschützte Ecke vor dem Glashaus und können draußen an der Sonne sitzen. Später das Zwetschgenfaß zum Brennen nach Twann gebracht (und an den Witz von der alten Bäuerin von Furnen gedacht: »Schreiben Sie Zwetschgen, wenn Sie Zwetschgen schreiben können«), und von dort weiter mit A. nach Biel auf den Zug. Abends, sehr müde von den vergangenen Tagen, die ORF-Nachrichten abgewartet: Gehört, daß der Haider zurücktritt.

Die Überraschungen der letzten Tage: Die vielen Geburtstagswünsche, die schönen Geschenke, so viel Liebe, wie ich mir gar nicht hätte vorstellen können. Beim Fest im PasquArt am Freitagabend zu viele bekannte Gesichter und all die Freundinnen und Freunde, und zugleich der Schreck: Ich werde nicht durchkommen, unmöglich, auch nur alle Lieben und Bekannten begrüßen zu können, noch weniger werde ich mit ihnen reden können, was ich sehr gerne täte, so werde ich nichts von ihnen und über sie erfahren als ihre Sympathie. Und dann die diversen »Liebeserklärungen«, wie ich sie noch nie in diesem Ausmaß erfahren habe. Und auch niemals vermutet hätte.

Eine riesige, heftig blühende Mimose, die das ganze Haus mit ihrem Duft überströmt, ein Lorbeerbäumchen und eine riesige, schier unerschöpfliche Bonbonniere für meine Unersättlichkeit, und und und und und ... und ich habe mir vorgenommen, sofort oder möglichst bald allen zu danken.

[12] Berne, le 29.2.2000

Madame, Monsieur,
selon nos documents, vous avez dernièrement fetée votre 70ième anniversaire. Nous supposons qu'en votre qualité de titulaire d'un permis de conduire, vous conduisez encore des vehicules etc. etc. ... Kurz und gut, das Straßenamt will ein ärztliches Zeugnis. Avec l'expression de nos sentiments distingués. Mes sentiments distingués. Gopferdeckel, was für Gefühle löst so ein Brief aus? Sie sind siebzig Jahre alt geworden, Sie haben den Eintritt ins Greisenalter geschafft, und nun werden Sie langsam zur öffentlichen Gefahr. Wie oft habe ich mich gewundert, wie oft war ich entsetzt angesichts alter Autofahrer, deren langsamen Reaktionen, und daß niemand ihnen Vernunft beibringt, keiner ihnen nahelegt, mit dem Autofahren besser aufzuhören. Aber was das den meisten bedeutet, und wie sehr man sich daran gewöhnt: Man steigt ein, wann man will. Man steigt aus, wo man will. Den größten Teil meines Lebens bin ich nicht selber, nur mitgefahren. Und wenn man mir das Auto heute wegnähme, so könnte ich mich wohl ebensogut arrangieren wie zuvor und wäre kaum unglücklich. Obwohl ich jetzt sehr froh bin über alle Erleichterungen, die mir das Auto bringt: Ich bin in wenigen Minuten oben auf dem Plateau, Ausgangspunkt unzähliger Spaziergänge und Wanderungen, ich brauche meine seltenen Einkäufe nicht heimzutragen, ich bin in fünfunddreißig Minuten statt in eineinhalb Stunden in Bern. Und außerdem macht mir das Fahren Spaß. Aber ich könnte auch wieder sehr gut ohne Auto leben.

Und bin doch froh, chauffieren gelernt zu haben. Hätte ich es nie versucht, so wäre ich mit vielen Illusionen über meinen »guten Charakter« gestorben. So weiß ich nun aber aus eigener Erfahrung, daß ich ebenso dumm bin wie andere Autofahrer, ebenso gewissenlos, denn ich fahre lieber zu schnell als langsam, und alles, was ich früher den Automobilisten vorgeworfen hatte, was ich ganz sicher nie tun wollte, das tue ich, den guten Vorsätzen zum Trotz, nun doch. Nous supposons qu'en votre qualité de titulaire d'un permis de conduire, vous conduisez encore des vehicules à moteur. Ja, meine Herren oder Damen des Straßenverkehrs- und Schiffahrtamtes, der Polizei- und Militärdirektion des Kantons Bern, Sie vermuten ganz richtig: Inhaberin eines Führerscheins, fahre ich, wie fast alle Inhaber von Führerscheinen, immer noch Auto, und entgegen der Annahme, daß es mir wenig ausmache, damit wieder aufzuhören, kenne ich meine Gefühle tatsächlich nicht, wenn man mich zwingen würde, Ihnen meinen Führerschein zurückzugeben. Statt also vernünftigerweise den unten angefügten Talon verzichtend auszufüllen, werde ich mich wie verlangt alle zwei Jahre zum Hausarzt begeben, um noch möglichst lange mein gefährliches und mit der Zeit immer gefährlicher werdendes Fahren fortzusetzen.

Je vous prie d'agréer, Madame, Monsieur, l'expression de mes sentiments douteux.

La titulaire d'un permis de conduire

E. P.

[13] Mittwoch, 1. März 2000

Pfingstrosen für Peter Bichsel.

Jetzt bin ich genauso alt wie der Zeitungsverkäufer, in zwei Jahren werde ich so alt sein wie Adele.

Und so wie Adele freue ich mich, wenn ich Blumen geschenkt bekomme. Auch ich habe Pfingstrosen gern, in meinem Garten stehen sechs verschiedene Pfingstrosenstöcke. Aber es ist März, es ist noch zu früh für

Pfingstrosen. Wie Adele habe ich Erfahrung mit Geranien, ich zerkleinere Eierschalen und bewahre sie lange in Wasser auf, in Regenwasser. Aus einem Steckling habe ich einen Baum gezogen, fast eineinhalb Meter hoch, eine Sorte, die es sonst nicht mehr gibt. Eine frühere Lehrerin hat mir den Steckling gegeben. Allen, auch denen, die es nicht hören wollen, erzähle ich, wie man Geranien pflegt und daß ich sie im Winter nicht in den Keller stelle, es reut mich, die Zweige mit den Knospen abzuschneiden.

Die Lehrerin ist inzwischen gestorben, und auch einige meiner Klassenkameraden. Ich habe niemanden wiedergesehen. Aber vor einigen Tagen hat meine ehemalige Banknachbarin telefoniert, um mir zu gratulieren, unser Jahrgang wird heuer siebzig.

Adele hat an den Kranz für ihre Nachbarin einen Franken gegeben. Nur einen Franken, die Geschichte muß schon sehr alt sein. Noch älter als Peters Brief, der in dem Buch liegt. Er schicke mir hier eine Geschichte und freue sich, daß er das doch noch vor seiner Abreise geschafft habe. So wie ich mich freue, wenn ich diese Zeilen, wie von den Solothurner Nachrichten zu seinem fünfundsechzigsten Geburtstag bestellt, noch vor meiner Abreise schaffe. Ich glaube, die Geschichte, die er mir 1972, wahrscheinlich für eine Anthologie der Gruppe Olten, geschickt hat, warum hätte er mir sonst eine Geschichte geschickt? war die vom Zeitungsverkäufer, der einmal Kaviar kosten wollte, aber das Gläschen nicht aufbekam. Ich mag diese Geschichte. Der Zeitungsverkäufer ist so alt wie ich. Auch mir ist vieles unbekannt, und manches davon möchte ich doch noch kosten. Damals war ich jung, auch als ich die Geschichte von den Pfingstrosen zum ersten Mal gelesen habe, meine Jüngste war noch gar nicht auf der Welt. Von heute her gesehen war ich noch jung, und Adele war eine sehr alte Frau.

Diesen ganzen sonnigen prächtigen Sonntag vergeudet, also nicht mit G. und M. zum Skifahren gefahren, weil ich etwas schreiben wollte. Nicht geschrieben, sondern im Glashaus die Pflanzen beobachtet, Blumentöpfe gegossen und dann die wilde Kletterrose auf der einen Balkonseite ganz weggeschnitten, damit für die remontierende rosa Rose mehr Platz bleibt, auch diese gekürzt und verjüngt und damit Stunden zugebracht, ohne Hunger, und habe dabei jegliches Zeitgefühl verloren, die Sonne schien schön warm, die Aussicht auf die komplette Alpenkette immer vor Augen, bis zum Sonnenuntergang nichts gegessen, nur etwas getrunken und dann das Abendessen vorbereitet und dabei sogar vergessen, daß ich um sechs Uhr ins PasquArt zu Agotas Film gehen und Agota dort treffen wollte – bis die Skifahrer sehr spät heimkamen, und mir dies erst beim Essen um acht Uhr, also viel zu spät, einfiel.

Während Pinochet von seinem Rollstuhl aufsteht und sich und seine Heimkehr feiern läßt, und ein paar ausländische Schüler und Lehrlinge ein paar Wochen oder Monate länger als andere im Land bleiben dürfen, bevor auch sie zurück ins Ungewisse ausgeschafft werden sollen – aber so hätten sie bessere Startbedingungen im Kosovo. Auch Schwangere, Kranke und Gebrechliche dürfen noch eine Zeitlang bleiben, wir sind doch keine Unmenschen. Doch schon vor Ende Mai sollen mehrere hundert rechtskräftig weggewiesene Personen aus dem Kosovo zwangsweise rückgeschafft werden, um damit ein Signal zu setzen.
Und während die SP streitet, macht die SVP Sozialpolitik, und ich schneide Kletterrosen, und die Hoffnungen ruhen auf Christiane Brunners Rolle als Vermittlerin. Schütze deinen Nächsten wie dich selbst. Der links im Bild, langhaarig und verstrubelt, hat wahrscheinlich nicht. Der Ordentliche rechts im Bild, weißes Hemd und Krawatte, hat vielleicht: Stop-Aids-Kampagne. Niemand hat auf neue TV-Sender gewartet. Außenpolitik ist (eigentlich) nicht langweilig, und Österreichs Gesellschaft tanzt Walzer.

[15] Montag, 6. März 2000

»Sonniger Wochenstart nach rascher Erwärmung.« Und wie oft ich mir im Sommer schon vorgenommen habe, mich im Frühling mit Aussäen und Pflanzen zurückzuhalten, weil mir später alles liebevoll Gesäte und Gepflanzte über den Kopf wächst, es nützt nichts: Zwar erinnere ich mich an meine vernünftigen Vorsätze, aber sie ändern mein Handeln nicht, fast nicht.
1988 mußten in der Stadt Basel 92 Räume entwest, das heißt professionell von Flöhen, Kakerlaken, Ameisen, Wespennestern und anderem Ungeziefer befreit werden. 1998 gab es keine einzige Entwesungsaktion mehr.

Spazierengegangen, um halb fünf, bei prächtigstem Wetter übers Plateau, den Weg oberhalb der Ferme aux Enfants hinauf und zum Grand Bois. Wo der Schnee geschmolzen ist, wird es bereits grün. Wie schnell das Immergrün im Wald das dürre Laub überwächst, wie schnell die Tage wieder länger werden. Um sechs geht die Sonne über dem Chaumont unter, und der Neuenburgersee liegt aprikosenfarben unter uns, die Elefantenköpfen ähnelnden Jurahöhen stecken rechter Hand die Rüssel ins Wasser. Schade, hab ich keinen Zeichenblock mit. Die gleiche Gegend ist täglich neu, fast stündlich neu. Und auf Darstellbarkeit hin betrachtet, kann man gar nicht lang genug, eindrücklich genug schauen: die Formen, Farben, die Valeurs, die Proportionen.

[16] Dienstag, 7. März 2000

Abends im Berner Kunstmuseum soll ich ein Bild oder einen Künstler vorstellen, in kleinem, fast familiärem Kreis. Ich habe Heinrich Anton Müller ausgesucht, der allerdings vor einigen Wochen, als ich mit K. T., der dies (mit der Berner Zeitung) veranlaßt hatte, durchs Kunstmuseum ging, nicht zu sehen war. Nun hat Ralf Beil auf meine Bitte hin ein ganzes schönes Kabinett mit Bildern von Müller eingerichtet. Warum gerade H. A. Müller? Das wertlose Material, gebrauchtes Packpapier, das er in Schichten auf das gewünschte Format mit deutlichen Nähten zusammenstückelte, seine Situation im Irrenhaus, völlig außerhalb des Anerkannten, führt direkt zur Frage nach dem Wert einer Arbeit, seiner Arbeit, und von neuer Kunst überhaupt. Einer bemüht sich, etwas aufs Papier zu bringen. Wahrscheinlich sieht er sich nicht als Künstler, wenn auch zeitweise als Gott. Er hat etwas zustande gebracht, er betrachtet es zufrieden und zeichnet, signiert: Dieu. Man kann sich diese Bilder auf dem alten zusammengenähten Karton in der Klinik Münsterlingen herumliegend vorstellen, schön und schrecklich, damals, lange bevor »art brut« zum Begriff wurde, für das Personal wahrscheinlich nur die völlig wertlose Äußerung eines Verrückten. Als Prinzhorn um Bilder bat, gab man dem

Kranken gutes Zeichenpapier, und diese vier Blätter sind die einzigen, die auf gutem, nicht vergilbendem Papier existieren. Hat man sich in der Klinik geschämt, die braunen, zusammengestückelten Kartons einem Arzt und Fachmann zu schicken? (Louis Soutters wunderbare Zeichnungen hat das Anstaltspersonal, an einem anderen Ort, zum Anfeuern seines Zimmerofens benützt.) Nun sind Müllers Bilder, einfach gerahmt, nur um sie zu schützen, im Museum gelandet. In einem Kabinett aufgehängt, verlangen sie Aufmerksamkeit, die sie ungerahmt, in irgendeinem Keller verräumt, nicht unbedingt von jedermann bekämen. Man kann sie, ins beste Licht gesetzt und diesmal mit positivem Vor-Urteil von Sachverständigen als Kunst deklariert, eingehend betrachten und bewundern und über der (fast) verordneten Bewunderung das Schreckliche, das in ihnen aufscheint, übersehen oder verdrängen. Die Schönheit der Zeichnung springt einen an, sie wirkt als Falle, der man sich kaum entziehen kann. Und bei langer (gestern stundenlanger) Betrachtung schleicht sich unbemerkt auch das Grauen, das an ihrem Ursprung steht, in uns, in mich zumindest, ein.

Heinrich Anton Müller war offensichtlich verrückt. Der Erfinder der tollen Maschinen, die nicht nur Tinguely und Luginbühl (auch mich) inspiriert haben und von denen keine einzige erhalten geblieben ist. Nur Fotografien. Kunststück, wer hätte ihren Gestank längere Zeit ertragen. Dieser Künstler war geistesgestört. Verrückt. Die im Irrenhaus, im Hof und im Garten konstruierten Maschinen waren viel fantastischer und interessanter als die brauchbare und patentierte Maschine zum Beschneiden der Weinstöcke zwecks Veredlung, die er noch als gesunder »Normaler« erfunden hatte und deren Entwendung dann dazu führte, daß er »den Verstand verlor« und in der Klinik Münsterlingen landete. Erst nach einigen Jahren fing er dort mit der Konstruktion neuer Maschinen aus Eisen und seiner Kacke an, und als er einen Malkasten geschenkt bekam, fing er auch an zu malen. Es braucht offenbar den verrückten Blick, den im Sinne des Wortes ver-rückten, aus dem Gewohnten gerückten Blickwinkel. Und wie arbeiten wir?

[17] Donnerstag, 9. März 2000

Vor ein paar Tagen kam die Anfrage der Solothurner Zeitung, ein Leseerlebnis mit einem von Peter Bichsels Büchern zu schreiben, zum 65. Nur kurz. Und mir bleiben vor der Abreise nach Saarbrücken – Berlin nur noch wenige Tage, die mir nicht einmal für die sonstige Arbeit genügen. Doch ich nehme die Milchmann-Geschichten, schlage das Buch irgendwo auf, und gleich springen mich die »Pfingstrosen« an. Weil ich jetzt aber nach Bischofszell soll, steck ich das Buch ein ...

Weil ich nach Bischofszell fahren muß, muß ich jetzt alles, wozu ich, wie immer, wenn ich anderes sollte, große Lust habe, liegenlassen, muß also auch den skizzierten Text für Bichsel liegenlassen, mich ins Auto setzen und an einen Ort fahren, von dem ich bis vorgestern kaum wußte, wo er liegt, ihn nur als Konfitüre mir vorstellen konnte. Zudem lasse ich bald die Sonne hinter mir, es beginnt bei Zürich zu regnen, bei Kloten, wo alle möglichen Fahrbahnen aufeinanderstoßen und voneinander wegführen, regnet es so, daß, was mir normalerweise Spaß macht, kein Spaß mehr ist, niemand hält das Tempo, sie rasen im Regen quer von einer Fahrbahn über eine andere quer in die nächste, wo bleibt da meine gerade noch im Hinterkopf hausende Geschichte? In Bischofszell regnet es, es regnet weiter bis Sitterdorf, wo ich nach der Bahn rechts abbiegen soll, hat mir Frau S. am Telefon gesagt, dann durch zwei weitere Dörfer nach Blidegg, nach einem ehemaligen Gasthaus rechts bergab bis zur Kapelle, eine wunderschöne romanische Kapelle, dort wieder nach rechts und querfeld bis zu einem Bauernhof und dahinter ein altes Holzhaus, wo G. und ich glücklich landen. In diesem liebevoll hergerichteten schönen Haus bei den freundlichen jungen Künstlern, die uns herzlich empfangen, Regen hin oder her. Und abends dann eine fast familiäre Atmosphäre bei der Lesung in der Bibliothek, ein paar Gespräche und schließlich wieder wie zu Hause bei K. und B. S.

[18] Samstag, 11. März 2000

Aus Bischofszell Richtung Rorschach, St. Margrethen, Bregenz nach Lindau gefahren, den Lindenhof gesucht und gefunden. Gute Gespräche mit G. und mit der Schwester einer ehemaligen Schulkollegin, an die ich mich nicht mehr erinnere. Skizzierte Lebensläufe. Warum Würbenthal? Und wie bist du mit E. verwandt? Also sind auch wir, über eine andere Linie als G., miteinander irgendwie verwandt. Muß das sein? Bald werden wir nicht mehr sein, aber vorher muß doch noch festgestellt werden, wohin und zu wem wir gehören, sollen wir verwandtschaftlich vernetzt und eingefangen werden. Ordnung muß sein. Ich verspüre keinen Drang, mit Unbekannten, auch wenn sie nett sind, weitläufig verwandt zu sein, möchte, wie meine Eltern, mich eher distanzieren.

Mit einem großen Koffer über zwei Grenzen gefahren, gottlob ohne Kontrollen. Wir dachten, im Koffer seien nur Papiere, vor allem Briefe, und dann zu Hause, fanden wir alles mögliche, Zinn, Pilzbücher und Dokumente, und auch die Briefe. Alle Briefe aus Flieden und den anderen Lagern, in denen Onkel O. gewesen war. Die schmerzlichste Zeit seines Lebens ist nachzulesen. Und er erscheint mir wieder, wieder lebendig.

Zukunft als großes Fragezeichen: auf der Seite der Mode.
Aber das Flüchtlingsproblem sei gelöst – wer das glaubt, wird selig. Es scheint viele Selige zu geben.

[19] Dienstag, 14. März 2000

Die Nervosität vor Abreisen, oder eher als Nervosität ist es Panik beim Gedanken an alles, was noch zu tun ist oder zu tun wäre, was man, was ich allerdings, wenn ich nicht verreisen müßte, auch kaum täte, was in der Woche Abwesenheit sicher nicht erledigt würde, von dem ich heute aber meine, ich müßte es unbedingt tun, denn nachher wäre es zu spät, ganz abgesehen davon, daß ich ja nur wenige Tage nach meiner Rückkehr von Berlin nach Krakau fliege, daß ich also, von Berlin mit neuen Eindrücken, wenn möglich neuen Verpflichtungen müde heimgekommen, kaum in der Lage sein werde, das zu tun, wozu ich jetzt fast keine Zeit mehr habe ...

Wieder verpaßt! Jetzt hab ich die Fasnacht schon wieder verpaßt, und wollte doch mein Leben lang mal hin, denk ich, wenn die Basler Fasnacht noch längst nicht vorbei ist, ich aber mehr zu erledigen hätte, als ich möglicherweise vor der Abreise morgen nach Saarbrücken, Berlin, Prenzlau und Schwedt noch erledigen kann.
Und so werde ich sie nun verpassen, die Messing-Käfer und Träne-Furzer, die Fuege-Fäger und Baggemugge, d'Beppi Stompers und d'Gastro-Noome, die Miggeli-Schränzer und d'Negro-Rhygass, d'Gladdi-Addore und d'Grachsymphoniker, d'Gülle-Schlüüch und d'Pumperniggel, d'Räpplischpalter und d'Guggemysli und Glaibasler-Schränz-Brieder, d'Zapfeschlänzer und d'Grottegygser, s'Kerzedrepfli, dr Seibi-Stamm und d'Nasedrepfli, d'Guufegnepf und d'Chalet-Rueche, d'Brummbeere und d'Basilisgge, d'Pischtefänger, Vertschubblete und d'Minschterspatze, d'Ammedysli und Ohregribler.

[20] Samstag, 25. März 2000

Zurück aus Saarbrücken, Berlin, Prenzlau, Schwedt, Berlin. Die zwei jungen Humoristen aus Berlin, bzw. Saarbrücken, die die Einladungskarten für die Lesung am Tag der Lesung, nämlich Samstag, verschicken, so daß sie am Montag zwei Tage, bzw. zwei Wochen zu spät erst bei potentiellen Hörern ankommen, am Nachmittag noch herumtelefonieren und drei Besucher mobilisieren zu den vieren, die auf meine Telefonate hin kommen, so daß dann mit Spiegel etwa achtzehn, in Realität ganze neun Figuren dasitzen vor zwei von G.s Bildern, die er, aufgefordert von D., hergebracht hat und die er nun die ganze Reise mitschleppen muß. Die Berliner Zuhörer sind aber ein gutes, sehr aufmerksames Publikum. Keine Bücher – in Saarbrücken waren zumindest meine Bücher da, G.s zu spät bestellt, auch die Einladungen dort spät verschickt, und wenig Publikum. Keine Einführung, kaum Diskussionen ...
Einen guten kalten Sonntag lang mit E. C. herumkutschiert, Potsdamer Platz und Brechts (und anderer) Friedhof und und und. Wie dann am

Montag mit I. und doch ganz anders. Nachdem wir mit ihr das alte Zentrum durchwandert hatten, nach den fürchterlichen japanischen Portraitfotos von Wachsfiguren im Guggenheim (aber Montag sind die guten Museen in Berlin geschlossen), einen tollen Eindruck von Libeskinds jüdischem Museum, in das ich zuerst nicht eintreten, mich keiner Führung anschließen wollte. Dann von den Innenräumen und deren anfänglicher Verunsicherung begeistert. Nur erlebe ich so was lieber allein und ohne Erklärungen: Alles, was man zur Idee dieser Architektur wissen sollte, steht am Anfang, formuliert vom Architekten, und muß nicht in unzähligen Wiederholungen und Banalisierungen vorgebetet werden. Eigenartig war es, I. zu treffen oder wiederzutreffen, eine alte Schulfreundin (von wenigen Monaten in Freudenthal), an die ich mich nicht mehr genau hatte erinnern können. Kann ich das jetzt? Sie wäre, hätte ich nicht telefoniert, bis nach Prenzlau gekommen, um mich zu treffen. Und jetzt sitzt sie mit ihrem Mann im linksrechtsgestrickten Ballhaus und dann beim Italiener, und ich krame im Gedächtnis, finde aber nur eine gelbe Blume, deren braunen Saft wir auf unsre Warzen tröpfeln: Johanniskraut. Ich sehe genau den Wegrand voller Unkraut neben dem halbverfallenen Haus, das wir nicht betreten sollten, das uns, zumindest mich, gerade drum unwiderstehlich anzieht. Ja, sagt sie, sie hatte Warzen. Und ein paar Tage später: Das war nicht Johanniskraut sondern Schöllkraut.

Gab es eine Diskussion in Prenzlau? Kaum zum Text. Aber wann gibt es schon eine Diskussion zum Text. Höchstens über Inhalte läßt sich reden. Ja, das Nichtzuhören wurde bemerkt und besprochen. Gut war das der Lesung vorhergehende Interview von J. V. Das fehlte in Schwedt. Dort die Frage eines jungen Mannes, eher die Feststellung, die Tschechen seien viel bürgerlicher als die Ostdeutschen, hätten jedenfalls eine viel bürgerlichere Kultur, was ich zu widerlegen versuchte, vergebens. Und bei längerem Nachdenken frage ich mich, ob er nicht recht hat. Zwar sind meine tschechischen Freunde und Kollegen nicht bürgerlich im herkömmlichen Sinn, sind es aber doch aus marxistischer Sicht – in ihrer Arbeit wie in der Lebensform. Lucie T. ist zudem noch antifeministisch. Wahrscheinlich hat es in der Tschechoslowakei nie eine richtige Diktatur des Proletariats gegeben. Sicher haben die Jahre NS-Deutschland die Ostdeutschen ganz anders und viel stärker als die Tschechen geprägt, und das darauf folgende kommunistische Regime hat in der DDR sehr viel mehr Autoritätsgläubige vorgefunden als in der CSSR. Also auch die Frage an mich, an uns: wie bürgerlich sind unsere künstlerischen Vorstellungen und Werte? Wir bauen alles auf den Mesopotamiern, den Ägyptern und den archaischen Griechen auf und kümmern uns einen Dreck um die Produktionsbedingungen, die sozialen Zustände in jenen Zeiten. Einige Gespräche, viele Berichte über das alltägliche Leben, die Arbeit und die Arbeitslosigkeit, die konkreten Ängste, vor allem von Frau Schmidt, die uns einen Tag lang durch die schöne Gegend chauffiert, aber auch (wenige) andere, erwecken einen von Westdeutschland sehr verschiedenen Eindruck. Sehr viel Unzufriedenheit, Enttäuschung. Wie schon vor zehn Jahren, frag ich mich, ob man die ehemalige DDR nicht hätte als zweiten autonomen deutschen Staat in die EU aufnehmen, diesen völlig anders als im Westen geprägten Menschen ihre eigene Entwicklung hätte erlauben können. Ich höre einige Gescheite laut lachen.

Wieder mal vor dem Wegfahren Lust zu was ich jetzt keine Zeit habe, besser gesagt: keine Zeit hätte. Ein paar Sachen sind noch zu bügeln vor dem Kofferpacken, im Glashaus muß ich noch gießen, weiß Gott was alles wollte ich noch erledigen, wie viele Briefe sind unbeantwortet, es wird langsam dunkler, trotz Sommerzeit, die diversen Papiere für Krakau muß ich noch zusammensuchen – und überall, in der Wohnung und im Atelier, ist größte Unordnung. Daß das Flugzeug abstürzen könnte, würde mir meine Großmutter vorhalten, und ich hinterließe ein entsetzliches Chaos. Tant pis.
Vom Wunder, das die gänzlich vermessene Welt geblieben ist. Und alles ist anders.

Zu vieles fällt zusammen, oder die Reise durch Deutschland fällt zu nah zu der Reise nach Krakau. Fünf Tage sind zu kurz, um anzukommen, den Berg Post, der sich während der Abwesenheit angesammelt hat, durchzulesen, womöglich zu erledigen, viel zu kurz. Und Wäsche waschen, im Garten wächst alles rasant davon, ich sollte umgraben und die ärgsten Unkräuter jäten und habe nur einige Rosen noch schnell geschnitten, aber längst nicht alle. Und habe Lust, hier weiterzukritzeln auf dem gestrigen Blatt, den gestrigen Neuigkeiten, die ich noch kaum zur Kenntnis genommen habe. Aber das Leben werde besser. Das Leben in Rußland werde besser, auch wenn Putin wie in Tschetschenien hart durchgreift. Wider Erwarten schaffte er es bereits im ersten Wahlgang mit 52,5 % der Stimmen. Er will seine harte Linie und die Militäroffensive im Tschetschenienkrieg bis zum Ende fortsetzen. Daneben (heute) das buntfröhliche Bild der lachenden Oscar-Empfänger über Software-Problemen im Basler Kantonsspital, vernachlässigter Integration der Ausländer, höheren OPEC-Forderungen freuen sie sich zum Totlachen, die Oscar-Empfänger. Israel hält am Rückzug fest, Jospin setzt vermehrt auf Politprofis, und morgen früh fliege ich nach Krakau, und statt Blusen zu bügeln und den Koffer zu packen, lese ich die Zeitung und kritzle, was mich draus anfällt, auf.

[22] Dienstag/Mittwoch, 4./5. April 2000

Zurück aus Krakau. Ein Kinderwunsch ist in Erfüllung gegangen. Jetzt brauche ich Ruhe, um die vielen Eindrücke zu verdauen. Viel Unverdauliches. Während an meinen Hosenstößen noch der Dreck von Auschwitz klebt, so wie das, was ich dort gesehen und erfahren habe, noch im Hinterkopf klebt, blüht es im Garten, die Narzissen, frühe Tulpen, und die Knospen am Kirschbaum sind am Aufbrechen. Das Unvereinbare im Kopf. Alles, Schönes und Grausames, gleichzeitig.
In der gleichen Stadt, in der mein Großvater als k. und k. Soldat stationiert war, die gleichen Straßen, Gassen und Häuser stehen noch da. Was für die meisten Schweizer normal ist, erscheint mir wunderbar. Und vor-

her, wie auch auf dem recht langen Rückweg, die Busfahrt durch genau die Gegend, in der er (direkt hinter der Front) botanisiert hatte. Den Brief, den er seiner Schwägerin zur Hochzeit geschrieben und worin er von Krakau und seiner schönen Umgebung berichtet, hab ich noch. Alles sehr erfreulich, aber dann: Am Sonntag in Auschwitz und in Birkenau. Die Ausstellungen in den verschiedenen Blöcken. Ein Blick auf die am Boden ausgelegten flachen Strohsäcke, auf die sehr schmalen Kajütenpritschen, auf denen sie zu zweit oder zu fünft liegen mußten, wie niedrig die Zwischenräume, alles, was ich bereits auf Fotos oder in Filmen gesehen hatte, dann doch ganz anders. Die handschriftlichen Berichte (aus den Prozeßakten), z. B. die drei Seiten über die Zigeuner, mitfühlend bis zu einem gewissen Grad, und entsetzlich herablassend. Und immer wieder die Gruppen junger Israelis, dichtgedrängt, mit ihren Fahnen. Nein, das ist kein Sightseeing, es ist der Anblick oder die Darstellung der Hölle, ohne Insassen, die werden von der Vorstellung oder Fantasie eingesetzt, oder eben nicht eingesetzt, der Mensch scheint unglaubliche Schutzmechanismen zu besitzen, die ihn im Notfall abschotten. Unabhängig voneinander zwei Erzählungen ernstzunehmender Menschen, wie mit den Bergen von teils völlig verunstalteten Leichen umgegangen wurde: witzelnd, mit Galgenhumor, in Auschwitz und in Dresden, von »normalen«, keineswegs sadistischen Menschen, die dazu verdammt waren, die Toten wegzuräumen. Zwei, die in Auschwitz gewesen waren, stehen da, ins Gespräch vertieft. Beide sehen ruhiger, distanzierter aus als die nicht direkt Betroffenen. Hältst du das aus? Frag ich I. K. Ja, sagt er. Er will seiner Frau zeigen, wo er als Kind gewesen ist. Birkenau bei Regen. Sehr eindrücklich, aber fast so, als besuche man klassische Stätten, griechische oder römische Ruinen. Wenn wir nichts wüßten, ohne die Ausstellung, die wir gerade gesehen hatten, wäre es fast ein ästhetisches Erlebnis. Auch das scheint ein Schutzmechanismus zu sein. Ich schreibe hier einfach so vor mich hin, aber auch nur annähernd zu beschreiben, was mit mir am Sonntag und seither passierte, bräuchte Zeit, schriftliches Nachdenken, Mühe – wahrscheinlich ist es im Ganzen gar nicht möglich. Aber was ist als Ganzes überhaupt darstellbar?

Nachwort

»Heute«. Was ist das schon. Ein Mensch hat Geburtstag, ein anderer kocht etwas Besonderes und hält sich für kreativ, eine Familie freut sich auf einen Ausflug, ein Junge schießt ein schönes Tor und läßt sich feiern, ein Mädchen verliebt sich Hals über Kopf, und ein anderes wartet auf den Anruf, der schon vor einer Stunde hätte kommen sollen. Irgendwo geschieht ein Mord, anderswo läuten die Glocken, Abendzeit, es dämmert, riecht nach Bratkartoffeln, der Tag ist bald vorbei.

Und schon ist wieder ein »Heute« da, sagt man, und damit, sagt man auch, die ewige Wiederkehr der Alltäglichkeit, die kleine Zeitspanne zwischen gestern und morgen – oder etwa doch mehr? Martin Heidegger, der das »Heute« dem Bezirk des »Jetzt« zuordnet, spricht in *Sein und Zeit* von dem »ekstatischen Charakter der Gegenwart« und davon, daß jedes »Jetzt« eine je eigene »Gespanntheit von wechselnder Spannweite« besitzt. »Ekstatisch« ist dabei die bewußte Erfahrung von Gegenwart, das permanente Bedenken des »Jetzt«, das aber heißt: die Reflexion darüber, was man tut und treibt, die ungeschminkte Bestimmung des Selbst gegenüber der Vielfalt des Erscheinenden. Und so liegt in jedem Heute, in das man sich wach begibt, ein immer wieder Neues, zum Staunen Verführendes, etwas an Grenzen Rührendes, mehr als die Summe der Augenblicke, die ein Tag bereithält.

Als Erica Pedretti, vielen vor allem als Autorin bekannt, über »Heute« zu arbeiten begann, hat sie vermutlich nicht gewußt, wohin dieses Abenteuer sie führen würde. Zum Bild? Zur Schrift? Zu beidem? Würde sie, die vor vielen Jahren als Schriftstellerin mit *Harmloses, bitte* auf den Plan trat und die in ihren Bildern und Objekten das Auge des Betrachters zur Unerzogenheit zu erziehen sucht, etwas »finden«, das sich »heutig« sagen läßt, ohne daß das Gefundene pathetisch oder gravitätisch daherkommt? Nun, sie begann damit, Zeitungsseiten zu übertünchen, sie zu weißen, also ein Format, das für gewöhnlich voll mit Heutigem ist, zu entleeren, das einem tagtäglich Entgegendröhnende zum Schweigen zu bringen. Freilich nicht ganz: Durch die neue weiße Schicht drang, wenn auch nur mit Mühe entzifferbar, das Alte wieder durch, meldete sich zurück, bot sich dem, der lesen will, wieder an. Erica Pedretti aber trieb ihre Arbeit weiter und konfrontierte jetzt die weißgewordenen, partiell wieder leserlichen Seiten mit eigenen Gedanken zu ihr begegnenden Geschehnissen ihres eigenen Heute, gestaltete schreibend einen Jetzt-Raum, eine zu jeder möglichen Aussage einladende Fläche, eine Art Höhlenwand, auf der sich Zeichen konstituierten, Worte, Sätze, Zusammenhänge, Botschaften – und, wenn man die Schrift der Künstlerin als Bild nimmt, Bilder.

»Der Jura sieht hier, zwischen Moutier und Delemont, ganz chinesisch aus«, notiert Erica Pedretti während einer Bahnfahrt, berichtet von einem Verbrechen in der Nachbarschaft, läßt ihren Geburtstag Revue passieren, denkt über ein Leseerlebnis bei einem Buch von Peter Bichsel nach, erinnert an den Onkel O., reist durch Deutschland und nach Krakau, staunt über das »Wunder, das die gänzlich vermessene Welt geblieben ist« und endet – mit einer Frage. »Was ist als Ganzes überhaupt darstellbar?« Ist darstellbar demnach nur das Teil, die Einzelansicht, der ganz besondere Aspekt einer Sache? Lehrt uns das dieses »Heute«?

Und lehrt es uns auch, daß das große Weltgeschehen (das die Zeitung zu spiegeln vorgibt) sich immer nur mit dem Kleinen, dem Banalen, kaum Beachtenswerten denken läßt, ja ohne es gar nicht existiert? Und daß das Interpretieren, Nach-Denken, das In-Beziehung-Setzen und Schlußfolgern, allesamt Vorgänge im nachhinein, sinn- und nutzlos sind angesichts der bedrängenden Vielfalt des Jetzt, des Heute? Ist das denn der »ekstatische Charakter der Gegenwart«? Bei E.M. Cioran, in seinen jüngst veröffentlichten *Cahiers*, heißt es so: »Die Dinge haben nur eine Bedeutung hinsichtlich der *Gegenwart*; wenn sie nur noch der Vergangenheit angehören, ist ihnen die ganze Irrealität des Verstrichenen zu eigen.«

Erica Pedrettis »Heute« ist ein listiges, eigensinniges, wundersam einfaches Spiel mit der Wahnidee, es könnte im neuen Jahrtausend endlich alles ganz auf den Begriff gebracht werden, die Informationen unserer Zeit seien so vollständig, daß sie, die Zeit, tendenziell ihre Geheimnisse verlieren und jede Nische unserer Existenz befragt, ausgeleuchtet und definiert werden könnte. Indem sie uns (Betrachtern und Lesern), durch ihren besonderen künstlerischen Zugriff, eine Art – wie oben schon gesagt – Höhlenwand präsentiert, auf der die Zeichen (Buchstaben) auseinanderlaufen, sich vereinigen, mal zu tanzen scheinen und dann wieder streng zur Seite weichen, zeigt Erica Pedretti bildlich, Blatt für Blatt, daß jedes Heute einem seit jeher immergleichen Prinzip unterliegt: Es ist nur konkret und situativ existent, und es gibt keine übergreifende Idee, die uns lenkt.

Was wir wirklich wahrnehmen und worauf wir reagieren, ist jene »riesige, heftig blühende Mimose«, der Geschmack von Helenkas Mohnkuchen, den Erica Pedretti beschwört, sowie die »größeren« Erlebnisse oder Erfahrungen, die uns innerhalb von vierundzwanzig Stunden begegnen und die wir dann als gute oder böse definieren. Die Botschaft der Pedrettischen Höhlenmalerei jedenfalls ist so eindeutig klar wie der Satz des Philosophen Nicolás Gómez Dávila: »Jeder Mensch lebt sein Leben wie ein eingekreistes Tier.«

So ist es. Und dem wäre wohl nichts mehr hinzuzufügen, gäbe es nicht, bei allem notwendigen Ernst, die Ironie der Erica Pedretti, das Infragestellen der eigenen künstlerischen »Mission«, das augenzwinkernde: »Muß das sein? Was hab ich mir da eingebrockt.« Und weiter: »Du könntest es auch sein lassen. Man kann alles sein lassen, fast alles kann man sein lassen.« Fast alles. Aber die Mimosen muß man riechen, den Mohnkuchen muß man schmecken. Man muß sich ärgern dürfen und lieben wollen, nach Bischofszell fahren und davon erzählen können. Wenn es sein muß: heute.

Rainer Weiss

Dr. Richard Fast
Siebensterngasse 28/1/20
1070 Wien;
Eichenstraße 1
4521 Schiedlberg